犬の力を知っていますか？

Akiko Ikeda
池田晶子

毎日新聞出版

池田晶子、あるいは犬と酒の精神《スピリット》！

犬の力を知っていますか?　目次

I 犬の力

Ⅱ　人生は、お酒とともに

V　ふたたび、犬の力

写真クレジット

© Kazuko IGUCHI
（83ページ掲載の写真）

© Mainichi News papers
（241ページ掲載の写真）

© Non-Profit Organization Watakushi, tsumari Nobody
（83ページ・241ページを除くすべての写真）

表紙・カバー絵　池田晶子

装幀　間村俊一

犬の力を知っていますか?

この本は、文筆家・池田晶子の著作のなかから犬とお酒を巡る作品を選び出し、アンソロジーとして編纂したものです。この本が、あらためて池田晶子の作品世界の魅力に触れていただける機会となれば幸いです。

編者

Ⅰ　犬の力

ダンディーⅠと。

彼の仕事

「似ている」と言われることが多い私たちです。

コリー犬のダンディー君は9歳、ききわけのよい、たいへん良い子です。最近は、犬も寿命が長くなったとは聞きますが、やはり大きいものは小さいものに比べて短いようで、一日一日を慈しんで暮らしています。愛でられることが、彼のこの世での仕事というわけですね。よほど前世の行ないがよかった？

「犬の力」を知っていますか？

今回のペットブームは、第何次のペットブームになるのでしょうか。

確かバブルの頃にもありましたよね。シベリアンハスキーを筆頭にする大型高級犬ブーム、チャンピオン犬が何千万で取引きされたとか聞いたことがあった。

このところの人気はチワワやダックスなどの小さいの、街中でもよく見かけます。

ところで私は幼少の頃より大層な犬好きで、実家では住宅事情により柴犬を飼っていましたが、私自身はどうしても大きな犬が欲しかった。そして、大きな犬、憧れの大型犬といえば、何といってもこれが「ラッシー」でしかなかったのですね。憧れのコリー犬、日本中にラッシーブームが起こったのは、もう四十年以上前になるのですか。御記憶の人も多いと思います。

で、いつかコリー犬を飼うのだと、幼少の頃に思い定めた一念で、やがて私は念願のコリー犬を手に入れました。しかしその時点で、コリーなど、日本スピッツと並び絶滅稀少品種でしたね。「珍しいですね」、連れて歩いていると、必ずそう言われます。なにしろ四十年前の流行ですからね。でもいいんです。たとえ流行遅れと言われようと、そんなこと、犬たち自身の知ったこっちゃありませんわ。

とはいえじっさい、あの米国製テレビドラマにしてやられたのは確かなようです。だって、あなた、ドラマのラッシーと言ったら、賢くて、優しくて、そして勇敢で、これぞ犬の鑑《かがみ》と、誰もそう思うじゃありませんか。だけど大人になって聞いた話じゃ、何でもハリウッドでは七頭の「ラッシー」を使い分けていたのだそうな。走るラッシー、跳ぶラッシー、そしてひたすら待つラッシーと、役割分担があったんだそうな。そんな万能の犬など存在するはずがないとは、子供心には見抜けませんでしたね。

「俳優ではない」一般のコリー犬は、気立てのよさだけが取り柄であって、勇敢さとはほど遠い。どちらかと言えば、腰抜けに近い。まあ大きなナリして甘えるわ、慌てるわ、だらしないわ。それに幻滅して、コリー犬のブームは早々に終わったということがあったかもしれない。まあとにかくだらしなく情けない犬種と言える。

ところがそこが犬好きにとっては、タマラナイのですわ。犬好きの心理というのは、大方は、犬たちのこの「情けなさ」、そのダメさ加減に惹かれるのではないかと、私は睨《にら》んでいます。御主人様あなたなしでは私はとても生きてゆかれないのでございますよ。馬鹿じゃないかというほどのその善良さと信頼、少なくとも私には、これがタマラナイのですわ。

小型犬好きの人は「プリティ」「ラブリー」という要素を彼らに求めるのかもしれません。大型犬好きの私は、「フレンドリー」「オネスティ」という要素を彼らに求めます。肩を組んだり取っ組み合ったり、彼らと育む文字通りの「友情」、それは全く人生のひとつの幸福だと思います。

おそらく犬好きの人は、誰もそれを感じている。なぜ我々はかくまで深く、彼らに心惹かれるものなのか。

そりゃ一目瞭然ですよ。お散歩してたって、いかめしい顔した立派な紳士が、自分の犬に、まー相好崩して裏声出して、話しかけているのを見るわけですよ。あはは、この人もやられたクチだな。すぐわかります。そういう人だって、会社に行けば、おっかない社長だったり部長だったりするわけでしょう。そういう人が、このていたらく、自分の子供にだってそんな態度は見せないはずです。さて、ここにはいったい、何があるのか。

「犬の力」と、私は呼んでいます。人の心をかくまで深く惹きつけるその力のことです。それはすなわち、人の心を無防備にしてしまう力なのだ。彼らの振舞い、彼らの瞳、彼らの心の偽りなさは、我々の心を完全に無防備にしてしまう。それが彼らの力なのだ。心を無防備にされた我々は、無防備になった心、武装解除した自分の心が気持よい。それが気持よくて、我々は彼らを愛するのだ。彼らは我々によって愛されるのだ。犬は、人間に愛を教えるために（神様によって）創られた生き物なのだ。

私はそう考えています。今ふうに言えば、いわゆる「癒しの力」ということになるのでしょうが、なんか安っぽくなるので、「犬の力」と、私は呼ぶことにしています。しかし内容はおそらく同じでしょう。犬たちと共に居ることによって与えられる感情は、「安らぎ」です。

ところで、さっき私は「偽りない心」と、思わず言ってしまいましたが、よく考えるとこれは面白い。犬が心を偽らないのは当たり前のことで、なぜなら彼らは言葉を所有しない。我々が心を偽るのは、言葉を所有するからに他ならない。言葉によって、自分の心を偽り、言葉によって、他人の心を欺く。人間が人間として救いようがないのは、すべて言葉のなせるわざです。言葉が諸悪の元なのだ。もし世界に言葉が存在しなければ、世界に諍《いさか》いなど生じるはずがないですからね。

したがって、彼ら犬たちが人間によって愛されるのは、彼らが言葉を話さないからだということになる。じっさい、そうでしょうね。いかな愛らしい顔形をしていても、その口から憎たらしい言葉が出てきたら、やっぱり憎たらしくなるのが人情でしょう。神様はよくしたもんだと思います。

これに加えて、彼らが愛される理由のもうひとつが、彼らの命の短さだ。たった十五年かそこらですよ。あとから来たのに、先に行くということが、最初からわかっている。それが彼らと我々との出会いの形だと、最初から決められているのですよ。そして、コロコロの仔犬の時から、ヨロヨロの老犬になるまで、ひたすらに彼らは我々に愛を送り続ける。かくも愛おしい生き物が、この地上に他に存在するものでしょうか。

私も先代を十五歳で亡くした時は、ずいぶん悲しみました。わかってはいても、それはやっぱり悲しいものです。しかしその悲しみも、次第次第に、出会えたことへの感謝に近い気持へと変わってゆくもののようです。共に過ごせた素晴らしい時間を、ありがとう。

　あの悲しみが辛いから、もう犬は飼わない、という人と、でもやっぱり飼わずにはいられないという人の、ふたつに分かれるようです。私は一年の服喪ののち、やっぱり二代目を迎えました。犬の力には抗し難くて。

ダンディーⅡ

愛犬の友

管理人が猫を飼っているような古いアパートである。

どうしても犬が飼いたくて、このアパートを見つけて引越してきた。飼う犬はもうはるか以前から決まっていた。コリーである。幼少の時、テレビドラマで「名犬ラッシー」を見てしまって以来、人間の伴侶たるべき犬とはコリー犬のことしか言わない、と、深く思い為《な》してしまって、変えられない。子供の頃は、言わばダマされて、小さな柴犬をあてがわれていたのだが、日本犬は気性が荒くて、私にはもうひとつ気性が合わなかった。たぶん、私の気性が荒いせいではなかったか。

念願の巨大なコリー犬と、狭い室内で無理矢理暮らし始めて、それでももう八年になる。これがもうたまらなく可愛い。その繊細さが、たまらない。主人の繊細さを補って余りある。かくまで人と犬とは、互いに互いをはかり合って、よく似てくるものなのだ。

犬好きでない人が聞かされる犬自慢は、相当つまらないものではないか。それはたぶん、自分の子供の写真を見せては悦に入る人に白けるのと同じだろう。さすがにそれくらいのことはわかるのだが、犬を飼うにはかなり不自由なこの社会で、犬を飼うことの社会性について、ちょっと述べてみたい。

犬嫌いの人が、自分の嫌いな犬と、自分の嫌いなそんなものを飼っている人とを排除したいと思うのは、感情の理屈としては当然だ。けれども、自分の嫌いなものは全て排除せよ、これでは社会は成り立たない。以前こんなことがあった。向こうから歩いてくるオバチャンが、こちらから歩いてゆく私と私の伴侶とに対して、追い払う手ぶりを見せて言う、

「私は犬が嫌いだから、あっちへ行って」

だから私は、やはり追い払う手ぶりを真似て言ったのだ。

「私は犬が嫌いな人が嫌いだから、あっちへ行って」

理屈としては、確かにこうなる。けれどもこれは、社会ではない。

犬嫌いの人が、自分は犬が嫌いだという個人的な感情を、社会的な正当性へと転化するときの理屈が、「犬は社会的な迷惑である」。

犬は、きちんと躾《しつ》ければ、決して迷惑な動物ではない。彼らの賢さは決してそうはならないのだ。もしも彼らが社会にとって迷惑な存在となるとしたなら、きちんと躾けられていないからにすぎないのであって、自分の犬もきちんと躾けられないような人とは、実は、自分をきちんと躾けられないような人なのである。そういう人は、犬を飼おうが飼うまいが、社会にとってはもとから迷惑な存在なのだ。悪いのは人の方であって、犬の方ではない。

犬好き、といっても、好きなのは自分の犬だけ、という飼主はけっこういる。むろん、私だってそうである。自分の犬が、いちばん可愛い。けれど、自分の犬は好きだけど他人の犬は嫌いだ、そういうわがままな人が連れている犬は、やはり例外なく、わがままである。迷惑である。こういう人とこういう犬との振舞いが、犬嫌いの人々にとっては、犬を飼うこと一般を社会から排除するための、正当な理由となるのだろう。

犬を自由に飼えること。これが社会の成熟度を示すひとつの指標になると私は思う。犬は社会性の動物だから、犬の社会における、人の社会における、自分の位置を常にはかっている。飼犬は飼主を示し、飼主はその人の社会性を示す。そして、その人の社会性は、他でもない、それを認容する社会の姿を示すはずだからである。

お台場海浜公園

大きな犬を飼っている。

お散歩は日課であり、また楽しみでもあるので、都内のお散歩コース、すなわち公園事情に詳しい。

いかなる了見によってか、おそらく犬嫌いの苦情と、管理側の人間不信によって、「犬の立入りお断り」の公園が多い。お断りでなくても、「放すこと禁止」。

犬は賢い動物なので、きちんと躾ければ、人に迷惑は決してかけない。自分の犬を躾けられない人は、自分を躾けられない人として自分の恥を示すだけ、という認識が、飼主の側にも定着すれば、犬を巡るトラブルは、もっと少なくなると思うのだが。犬の規制のないことが、その社会の成熟度の指標と、常々私は思うのだが。

犬を放して走らせて遊ぶのは、楽しい。他の飼主と集い、大小いろいろ、色とりどりの犬たちが走り回るのを見るのは、ゆえなく心躍るものがある。けれども、都内の公園で、犬と追いかけっこで遊ぶのは、じつは、管理人との追いかけっこでもあるのだ、大きな声では言えないが。誰もいないのを見はからって、誰に迷惑かけることなく、せっかく楽しく遊んでいるところを叱られるのが、あんまりつまらなくなったので、心おきなく遊べる公園を探すことにした。

かつて、お台場海浜公園は、そういった同好の士の集う絶好の遊び場だった。犬を放すことなかれとは、どこにも書いてない。広々とした芝生があり、人工とはいえ砂浜があり、木立の小道は舗装がされてない。じつに遊び甲斐があった、犬も人も。不便なところなので、人に知られず、人は少なく、売店もないからお弁当を持って、我々は出かけた。誰に気がねすることなく走り回り、泥んこになって遊ぶのだった。「あした、お台場に行くよー」の一声に、愛犬は小躍りして喜んだ。

なのに、これは五、六年前だろうか、おそらくバブルの終わり頃、忽然と、お台場公園が消えた。これは文字通り消えてなくなったのだ。いつものように車に犬を積んで出かけると、そこに公園が、ない。巨大なバリケードがずうっと先まで立ちはだかって、中が見えない。ダンプカーの出入口で誘導をしていたおじさんに、いったいこれはどうしたことかと尋ねると、公園はなくなった、ホテルが建つのだ、と言う。

ええ？　ホテル？　こんなところに？

なにしろあたりは、秋にはススキやキリンソウが侘しい縹渺《ひょうびょう》たる野っ原である。あとはなんにもない。何を好きこのんで、こんなところにホテルなのか、私は理解できなかったので、きっとあのおじさんは、何か間違えて聞いているのだ、と、ずっと思っていたのだった。

「お台場、なくなっちゃったよー」

仕方がないので、別の公園の探索を始めて、お台場のことも忘れていた頃、手にした女性誌に見つけた華やかな広告写真、クルーズ船を前景に、海べりに建つ白亜の建造物、

「東京バルコニー・ホテルオープン」

「レインボーブリッジを臨むチャペルで夢のウェディングセレモニー」

あ、これかあ。初めて私は納得したのだった。

悔しいから、行ってみよう。

犬を積んで、レインボーブリッジを渡る。サンフランシスコ上空といった感じ。気の小さい私の犬は、へっぴり腰で下を見ている。林立する高層住宅に人が住んでいる。新交通ゆりかもめが、間をぬって走っている。フジテレビ、火星の基地のよう。

へえ、これが、あの、キリンソウのお台場！

公園は整備されて、ほぼ元通りになっていた。けれども、植樹はきちんとされすぎていて、まだまばらだし、舗装された歩道は、わざとらしく誘導されてるし、なにより目ざわりなのが、いかに目ざわりでも必ず目に入るのが、公園がまさにそれの庭になってしまった、当の東京バルコニーである。

なるほど、申し訳みたいに小ちゃなバルコニーが、確かに各部屋、海に面してついている。なんだか、みみっちい。しかし、よく、はやっている。休みの日など、大勢の泊まり客がバル

コニーに出て海を見ているのが見られる。不倫のメッカと聞く。

「犬を放すことなかれ」とは、やはりどこにも書かれていない。けれども、とても放す気にならない。キラキラのカフェレストラン、着飾った似たようなカップルだらけ、なにもかもウソくさくて、純情に犬遊びする気になんか、とてもじゃないけどならないのである。犬もそう言っている。

「お台場、つまんなくなったねー」

最近はもっぱら、ディズニーランドを向こうに望む若洲海浜公園に出かけるが、そのあとはと言えば、これは皇居しかない。

by Akiko IKEDA

似たもの同士

「ご趣味は」と訊かれて、いつも困惑する。趣味が、ない。「では、余暇の過ごされ方は」と訊かれても、やっぱり困惑する。そんなのも、ない。

それでは、無趣味な、くそまじめな生活をしているかというと、そういうことでは決してなくて、酒は切らしたことがないし、書いている時間よりもゴロゴロと寝ている時間のほうが長い。

つまり私は「考える」という、人間にとってほんとは最も基本的であるところの性向が、幸か不幸か、自分の「職業」になっているために、言ってみれば、人生の全時間が休みなく「仕事」なのである。

仕事に対するところに趣味とか余暇とかの時間が、別枠としてあるわけではないのである。いつも常に「考えて」いるので、酒を飲んでも、ゴロ寝をしても、いつどこで何をしても、それはすべて仕事、これって、不幸なのかな。

出無精なので、用がなければあまり出ないのだが、一日二回、これは必ず出かけるのが、犬の散歩。これは楽しい。なぜ楽しいかというと、私と彼とは、とにかく仲が良いからである。一緒に歩いて、とても楽しい。

飼っているのは大きなコリーである。最近はハスキーやゴールデンなど大型犬がはやりのようで、街でもよく遭う。けれど、自慢じゃないが、まあ自慢だが、私の犬よりも性格の良い犬に遭ったことがない。だってよその飼主からして言うのだもの、「お利口ですね」「いい子ですね」「訓練所へ入れたのですか」。「いいえ、私が躾けました」と答えるときの誇らしさ。我々の間には、不動の信頼関係ができあがっているのだ。ゆえなく叱るということを私はしないということが、彼にはちゃんと、わかっている。

人と犬との関係は、人と人との関係と、基本的にはまったく同じ、そこに愛があるか否か、それはもう電光石火でわかるのだ。

とにかく仲の良い我々なのだが、一緒に歩いていると、「似ている」と言われることが多くなった。

バイオ技術のいけない感じ

クローン牛の赤ちゃん、「のと」と「かが」が、元気に育っている。なんとも、愛らしい。

私は子供の頃から、動物一般に目がなく、上野や多摩の動物園にもよく通ったし、自宅でもあれこれの動物を飼って慈しんでいた。

じつは今も、大きなコリー犬と十年以上の暮らしを共にしているのだが、そのことをほとんど書いたことがないのは、そのことが自分にとって、きわめて大事なことだからである。しかし、自分にとってきわめて大事でも、犬好きでない人にとっては、そんなことはどうでもいいことに違いないということがよくわかるので、それで私は書かないのである。そんな大事なことを公にさらして、しかも無下に読み流されるなんぞ、悔しいからである。

正直に言うと、私は人間よりも動物のほうがずっと好きで、なぜ好きなのかということを「冷静に」分析してみると、おそらくやはり言語の問題に関わっていると思う。

難しい話ではない。考えてみてください。たとえば、人間の赤ん坊が、口をきき出すようになると、とたんに憎たらしくなるのはなぜなのか。

たぶんそのへんの理由によって、私は動物のほうが好きなのである。「愛おしい」という感じを、そこらの口の減らない人間《ヤツ》のツラを見ているよりも、はるかに覚える。とくに、どんな動物であれ、その赤ん坊の愛らしさったら、立ち上がろうとして覚束ない足どりの「のと」と「かが」など——。

だから、あれらの仔牛を、クローン技術によって育てようという試みは、「より良質の霜降り肉を安価で供給するために」という説明を聞くと、自分の中で、致命的に大事な部分が、ガクッと喰い違いを起こすのもまた、はっきりと私は覚える。

それはまた、私は両生類爬虫類系は必ずしも得手ではないのだが、カエルの遺伝子操作の話を聞いた時に覚えた感じと同じである。カエルの受精卵を操作して、頭のないオタマジャクシを作ることに成功した。これを人間に応用すると、必要な臓器だけの人間を作ることができ、医療の現場における「慢性的臓器不足」は解消されるであろう、というのである。

「いけないことをしている」

というこの感覚は、少なくとも私にとっては、黒々と明瞭なものなのだが、そのようなニュース解説をしている人々の口ぶりなど聞くと、もはや「朗報」といったふうでもある。「いけない感じ」を抱く人は、これからいよいよ少なくなるだろう。人はいよいよそれを忘れるだろう。後戻りはできない。しかし、先行きもまた、絶望的なほどに明るい。

ところで、近年、子供たちが命の大切さがわからなくなっていると人は言う。子供たちに命の大切さを教えなければ、大変なことになると。そして、あちこちでそのような教育的配慮による催しなど、なされているらしい。

しかし私は、ごく単純に思うのだが、たとえば美味の追求という自分たちの快楽のために、勝手な命を作り出し、それを殺す、そういう行ないを見て、子供たちは「命は大切なものだ」と、思うものだろうか。あるいは、自分の健康、自分の「不死」のために、他の命の取り回しや使い捨てをするのを見て、「命はかけがえのないものだ」と、はたして思うものだろうか。なんとまあ無理な注文を、われわれは子供たちにしているのだろうか。

「命は大切なものだ」と人が言うとき、要するにそれは、「自分の」命は大切なものだという、そういうことなのである。大切なのは、あくまでも「自分の」命なのである。

なぜ自分の命が大切なのかといえば、言うまでもなく、美味の追求や、その他いろいろ現世的快楽の追求のために、大切なのである。その自分の命を大切にするためには、したがって、他の命は大切にしなくてもかまわないという含みが、当然そこにあることになる。

「生命至上主義」というのは、早い話が、こういうことである。あるいは「ヒューマニズム」、みんな仲良く、楽しく、快適に生きましょうというのも、こういうことである。よくもヌケヌケとこんなウソがつけるな。

生存することには痛みが伴う。「自分の」痛みではない。自分が生存するために他の生物に痛みを与える、その痛みを痛いと自分が感じるのである。このような常なる「自覚」をもつかどうかが、微妙だけれども、決定的に大事なところだと私は思っている。菜食主義者とて植物は食べるわけで、なんらかの「主義」が問題なのではない。やはり「自覚」、生きるということについての自覚だけが常に問題なのだ。

他の動植物を殺して食べてまで自分が生きること。では、「何のために」生きているのか。そんな残虐なことをしてまで、生きる理由が自分にあるか。生きるほどの自分であるか。

私は、生きるほどの自分であろうとしている。そうでなければ、殺されて食べられる動植物に申し訳が立たない。強くそう感じる。

もしも、「のと」と「かが」を食べる時があれば、「私がおいしく食べてあげるからね」、そう言って、大事に、きれいに、食べてあげる。それが仁義というものである。じつは霜降りは、あまり好きではないのだが。

子供の頃、なんの童話だったか、大事に飼っていた仲良しの牛を、泣く泣く売りに行く少年の話を読んで、ひとしきり泣いたことを思い出した。「口のきけない」動物の痛みを、自分の痛みと感じる癖は、やはり子供のうちに覚えるようである。

教育現場の皆さん、何かと大変でしょうけれども、何とぞよろしくお願いします。

鏡の中に「私」はあるか？

ニュース番組の作り方、その手順など、私は全然知らないけれども、やはりそれぞれの局、それぞれの番組によって、それぞれ個性の出し方があるのだろう。

いつも話題の「ニュースステーション」というのを、私は滅多に見ることがない。とくに知りたいニュースの続報のためでなければ、あの時間テレビのスイッチを入れることはまずない。どうしてかというと、あの時間帯には、私はもう出来上がってしまっているからで、出来上がって良い気分で、あの世の彼方へさまよい出ているところ、わざわざ騒々しいこの世のニュースを見に戻ってくる理由がないからである。

だから、私がテレビでニュース番組を「見る」のは、夕飯の仕度をしながら「聴く」NHKの七時のニュースだけである。とはいえ、それもやはり、知りたくて聴いているわけではなくて、本当は、明朝の犬の散歩のために気になる天気予報、六時五十五分からのあれだけでいいのだが、そのあと勝手にニュースが始まってしまうので、続けて聴くはめになるだけなのである。日露戦争があったことを知らずに勉学に励んでいた学者がいたという有名な逸話があるが、じつは私はあれを笑えない。以前、オリンピックがあったのを知らなかったことがある。おそらく、上の空で聴き流していたのだろう。

で、NHKのニュースだが、以前はあんなふうなトーク形式の場面はなかったように思うのだが、いつのまにか他局のそれと似てきたのは、それでも流行が気になるのか、気にすることもなかろうに、けれども必要以上に騒々しくない分だけ、私のような者でも安心して「聴いて」いられる。

ニュース番組の作り方としては、やはり冒頭にその日の最大の出来事、事件をもってくるのが普通なのだろう。だから、取りたてて事件のない日のほうが、かえって苦労があるのではなかろうか。何事もない休みの日など、どこぞの行楽地が家族連れで賑わったというふうな、たわいのない映像が繰り返し流れている。

けれども、その手のどうでもいいようなニュースの中でも、時にキラリと捨て難いものがあって、最近見た中で秀逸だったのが、ある動物園でチンパンジーのストレス解消のために鏡を与えてみたら、効果があったというニュースである。

まあ、これを「ニュース」と思うかどうか、しかも捨て難く秀逸だと思うかどうかは、かなり意見が分かれるところだとは思うけれども、少なくとも私にとっては、都知事選のどうのなんぞより、はるかに面白いと感じられたのである。じじつ私は、包丁の手を止めて、しばしそのニュース映像に見入った。ネタのない日は動物園へ行くのが新聞記者の常套だと聞いたことがあるが、テレビもやっぱり同じなのだろうか。しかし、彼らにとっては場つなぎのニュースだったのかもしれないが、私はそのほんの二、三分の間で、じつにいろいろ考えさせてもらった。

ある動物園では、チンパンジーが退屈するので、大きな姿見を与えてみたという。最初は驚いたり恐がったりしていた彼らは、やがて、それが「自分である」ということを認識し、表情を作ったり、ポーズを取ったりして遊び始めた。おかげで大いにストレス解消の効果あり、ということらしい。鏡の中の自分を「自分である」と認識するのは、動物の中では、あとオランウータンとゴリラだけだと番組では言っていたが、これは違う。

たとえば、私の(賢い)愛犬だが、彼は仔犬の頃、初めて鏡に「自分」を見出した時、慌ててその裏に回って調べた。同じ頃、ステンレスの専用の水飲みで盛んに水を飲んでいる最中、いきなり跳び退いてびっくりしている。そうして、こわごわ器の中を覗き込んでいる。器の底に、自分の顔が映っているということを、この時発見したのである。

今では、鏡というものの「意味」をすっかり認識し、時折、何が面白いのか、しげしげと自分の顔を眺めていることがあるし、私がその後ろで手を振ってみせると、振り返ってニカッと笑う。鏡像認識は、霊長類に限らないようである。

で、ここからが今回の本題すなわち問題なのだが、鏡の中の自分を自分であると認識するというのは、さて、どういうことなのか。

右の話の伝でなら、鏡の中の自分を自分であると認識できるほど知能が高いということになりそうだが、じつを言うと、私は、鏡の中の自分を自分であると認識できない時がある。いや正確には、確かに自分であるはずなのだが、どうもうまく実感できない。とくに、真剣に思索モードに入っている時など、通りがかりに洗面所などの鏡に顔を見つけ、「コイツは誰だ」「なんでコイツがこれなのだ」、そういう感じになる。

考えてみてほしい。人はなぜ自分を自分の顔や身体と同一と思っているのか。なるほど、人は「私は」と言って、自分の鼻の頭を指すけれども、この場合、指しているのが「私」なのだろうか、指されているのが「私」なのだろうか。それを知ろうとしているのは、では誰なのだろうか。「私」は、どこに居るのだろうか。

鏡の自分を自分と同一と思うのは、じつは未だ進化の途上なのであって、意識すなわち自己意識というのは、さらに進むと、もう一回ひっくり返って、「自分」以外を自分だとは思わなくなるのである。確かに、顔や身体は、「自分の」顔や身体ではあるけれども、それを自分の顔や身体だと思うためには、先にその「自分」が知られているはずである。

で、ここでこそ正当に、「自分とは何か」。これこそが、猿でもなく犬でもない「人間の」問いなのである。では、「われわれ」とは?

見よ、ウチが燃えている

先日、いつも通りにビールとおかずの簡単な夕飯を終え、ほろ酔いの良い気分で愛犬とくつろいでいたら、消防車のサイレンとベルが、大音声で近づいてくる。一台、二台ではない、かなりの台数が続々と到着しているらしい。マイクで何事か怒鳴っているのも聞こえる。どこが火事かしら。愛犬とふたりでベランダに出てみると、ウチのマンションの中庭に、それらが雪崩を打って進入してくるところである。

あら火事なんだわ。向かいのマンションの各窓には、こっちを見ている人々の黒いシルエットが鈴なりである。こっちのマンションの住人は、皆ベランダから身を乗り出して下を見ている。

玄関あたりから吹き出しているらしい煙の立ち込める中、真っ赤な消防車からバラバラと飛び下りてくる消防士たち、銀色のマントが翻る。そのマントは、目まぐるしく回転するたくさんのライトを、これも赤々と照り返し、賑やかで鮮やかなその光景は、けっこうな観物である。

「ほらほら見てごらん、面白いねー」

愛犬と肩を並べて、しばらく見ていた。彼もワクワクと楽しそうに見入っている。

「ほら、ホースが出てきたよー」

ふと気がつくと、ベランダに出ていた人々が、すっかり居なくなっている。あれ、どうしたのかな。それでも消防士がホースを抱えて走り回っているのを眺めていたら、お隣の奥さんがベランダに飛び出してきて、

「逃げてくださぁーい！」

ああ、そうか、ウチが火事なんだ。ウチが燃えているんだ。それでみんな逃げちゃったんだ。

私はようやく、事態の意味がわかった。私は昔からこうなのだ。言うところの「危機管理意識」というのが、致命的に脱落している。運転免許を取るのに、人の倍近い時間がかかったのも同じ理由による。ぶつかるまでぶつかるとは思えない。ぶつかってもぶつかったとは思っていない。どこかがこの世界を見ていないのである。

「たいへん、逃げなくちゃ」

私は愛犬に呼びかけた。逃げるというのは、つまり、逃げるということなのだろう。何かを持って逃げるなんてことは、あとから思うと、ちらとも思い及ばなかった。とにかくこの子を連れて逃げなくちゃ。

「この子」と言ったって、あなた、三十五キロの重量犬である。それが老齢化により足腰が萎え、階段の昇り降りがもうできない。しかもまあ、きわめつきの臆病である。以前、相模湖の

ピクニックランドで、羊を見て腰を抜かしたことがあるが、彼は本来は牧羊犬であるところの、かのコリー犬なのである。しかし、何かにつけすぐ腰を抜かす。腰を抜かすとその重さたるや、こっちの腰が抜けることになる。

愛犬に胴輪をつけ、廊下に出てみると、もうキナ臭い。エレベーターが燃えているから、外の非常階段で降りろと言われた。悄気《しょげ》きっている愛犬を励まし励まし、踊り場に辿りつくと、同階の住人たちが集まっている。おんぼろマンションなので、多くの人が犬やら猫やらを飼っている。大事な犬猫をバスケットやショルダーに詰め込んで、蒼くなっているのだが、私はコイツを、どうしてくれよう。

えい、担ぐなり負ぶうなり、猛火の中でもこの最上階から駆け降りたるわいっ。

必ず、できる。これは不思議なことだが、奮然と力が湧いてくるのを覚えたのだった。「火事場の馬鹿力」というのは、どうやら本当らしい。名犬ラッシーは、猛火の中から主人を助け出したものだが、逆である。これは騙された。

皆で肩を寄せ合って、中庭の様子を見ていたら、消防士たちの動きが緩やかになってきた。どうやらボヤですんだらしい。やれやれ。よかったね。いち早く下まで避難していた人々も、階段を昇って戻ってきた。普段から生真面目な感じのそのお宅は、何が入っているのか大きなリュックと、防寒着もしっかり着込んで、やはりこういう時には、人柄が出るものである。私はつっかけサンダルで、犬だけだ。来たるべき大災害のために、犬の背負子《しょいこ》を用意しておこうと決めた。

で、前置きが長くなりましたが、今回の本題です。

通報すれば、間髪入れずに現場に駆けつけ、銀色のマントを翻し、火煙の中に飛び込んでゆく消防士たち、彼らの姿の何と頼もしく勇ましく見えたことか。

一一〇番と一一九番、「警察と消防」とまとめて言うことが多いけれども、全然違う。それは失礼だ。彼らと彼らとでは、仕事の気構えが全然違う。

全国の警察組織は、危機管理意識の脱落どころか、まぎれもない悪事まで働いているらしいが、消防署や消防士からその手の話が出たのは聞いたことがない。ちょっと考えれば当然である。通報を受けて、「あとで」はないだろうし、賄賂を渡して、「ウチが燃えたら頼むな」もないだろうからである。

消防士が危機に対処すること、機敏にして平等で、しかも人命を救助するために命懸けである。命懸けということなら、自衛隊員もそうだけれども、頻度が違う。われわれは、自衛隊員が命懸けでその任務を遂行するところを、じつはまだ見たことがないのである。

その晩、ぬる目のお風呂で興奮を鎮めながら思ったのは、「消防士は最も清廉な公務員である」。

「公務員」というものの、使命と理想の原形があそこにはある。清く正しく逞しい。だらけて腐れた警察関係者たちは、自身の行ないを深く恥じ、消防士の精神を見倣うがよろし。

あの犬はいま何処に

ペットブームだそうである。

犬猫を飼えない共同住宅でも、子供たちにせがまれて、あるいは独り暮らしの心の友に、ウサギやイタチ、ハムスターなどの小動物から、ヘビ、ワニ、トカゲなどのゲテモノ（失礼）まで、各種の生き物を人々が飼うようになっているという。最近は、「ペット」と呼ばずに、「コンパニオンアニマル」と呼ぶというのも頷ける。他の生き物と暮らすというのは、どうしてかわれわれの心を和ませる。

私自身は無類の犬好きで、今は老いたるコリー犬と長く暮らしを共にしているが、私が自分の「伴侶《コンパニオン》」としてコリー犬を選んだのは、幼少の頃、かのアメリカ製ホームドラマ「名犬ラッシー」にすっかりやられてしまったからで、以来いつかはコリー犬と暮らすのだと、深く思い為してしまった。あんがいミーハーなところもあったのだな。

実家では、ずっと小さな柴犬を飼っていたのだが、個人的にはどうしても大きな犬が好きで、賢くて優しくて勇敢な犬といえば、私にとってはラッシー犬でしかなかったのだ。けれども、ずっとあとになって知ったところによれば、あのドラマにはなんと七頭のラッシーが出演していたのだそうな。そんな万能の犬なんか、実際にいるわけがないということである。でも、子供心はそれは見事にダマされてしまった。

あのドラマが日本でも大当たりして、昭和四十年前後ですか、コリーブームというのが訪れたらしいが、ブームの常として、すぐに終わった。ブームにつられて飼ってはみたけど、気候風土の違う国でうまく育てられず、死なせてしまう人が多かったらしい。気の毒に。あの長毛種にこの夏は酷である。私は毎年この時期になると、バリカンでもってツルツルに刈り上げてしまうのだが、連れて歩いていると、ヤギですか、ロバですかと訊かれることがある。見てくれなんぞ、かまやしない。

この、見てくれやファッション、あるいは見栄などで動物を飼うという感性が信じられない。ちょっと前、ちょうどバブルの真っ盛り、ハスキー犬ブームが席捲して、仔犬が何千万円で取り引きされたとか話題になっていた。街の中にも、青い眼の精悍なハスキー犬が、ずいぶん跋《ばっ》扈《こ》していたものだが、バブルの終焉とともにすっかり居なくなってしまった。これは本当に見かけなくなったのである。まだ寿命のくる頃ではない。あれらのハスキー犬は、いったいどこへ消えてしまったのだろう。

想像するだに、おぞましくも腹が立つ。ファッションだか見栄だかで、さしたる動機もなく飼ってはみたが、もともと気性の荒いあの犬種をしつけられずに、持て余し、そして、どうしたのですかっ。

そのような悪行を為す者は、地獄へ落ちるか、因果は巡り、必ずや次の生では同じ目に遭う。どうしてもそんな気がする。飼い主は犬を選べるが、犬は飼い主を選べないのである。ひとたび飼い始めたら、どんなことがあっても最後まで手放すべきではない。それができないのなら、飼うべきではない。犬を飼うにも資格試験のようなものがあればいいなと、かねてより私は思っているのだが。

自分の犬をきちんとしつけられない人は、自分をきちんとしつけられない人だというのが、私の持論である。最近は、犬のしつけ方教室というのも催されているらしく、その様子をテレビで観たことがあるけれど、ちょっと情けない感じがする。自分の飼い犬にナメられている光景は、たぶん、自分の子供にナメられているのと同じはずである。

大型犬は力があるぶん、しつけが大変で、訓練所に入れる人が多いらしいが、私はそんな必要を感じなかった。もともと頭と性格の良い犬だったということもあるけれど、それ以前にわれわれが、確固たる愛情と信頼の絆で結ばれていたからである。叱る時には猛烈に叱り、賞める時には猛烈に賞める。基本的にはこれだけなのだが、とにかく彼らは敏感だから、そこに自分への愛情があるかないか、はっきりとわかっているのに違いない。しつけに難のある犬は、飼い主の気まぐれで叱られたり賞められたりで、おかしくなっているのだと思う。

じっさい、私の伴侶は素晴らしく良い子に育ち、今はすっかりヨボヨボだけど、かつては一緒にお散歩していても、他の飼い主たちに感心されるほどだった。「お利口ですね」「良い子ですね」「訓練所へ入れたのですか」「いいえ、私がしつけました」、答える時の誇らしいことったら、だってあんたは良い子だもんね、ふたりで顔を見合わせて、にっこり笑ったものだった。

連れている人と、連れられている犬とがよく似ているというのも面白い現象である。性格だけではなく、どうも顔付きまで似てくるようなのである。社会性がなくて、他の犬とうまく遊べないような犬は、やはり社会性のない人に連れられていることが多い。以前、性格の悪い巨大なボルゾイ犬が近所の散歩コースに出没して、皆の顰蹙《ひんしゅく》を買っていたが、これを連れているのが一目で見栄で連れている、といった感じの女性で、この両者の顔付きがまあーそっくりなのである。そんなふうだから、散歩も続かないのか、いつのまにか姿を消したが、気の毒なのは犬である。

たいていの共同住宅では禁止されるなど、日本の社会一般が犬を飼うことに寛容でないのは、そのような、自分と犬とをきちんとしつけられない人の振舞によるところが大きいと思う。しかし、愛情と信頼でつながれば、犬が人の心の伴侶たること、ひょっとしたら人間の伴侶以上である。既に飼っている人も、これから飼いたい人も、だからこそ、飼うことの社会性を心がけたい。

心と呼ばれるもの

前回は、ペット、「生き物の」ペットのことを書いたので、今回は「生き物でない」ペット、電子ペットについて考えてみたい。

ペットロボット「アイボ」が人気だそうだ。小犬の姿を金属で模したそれは、こちらの話しかけや接し方に応じた反応をし、固有の性格を形成してゆくという。私もテレビで見たことがあるが、喜んだりはしゃいだり、「なついてくる」その様子は、なるほど確かに愛らしい。事情で生き物を飼えない人や、独り暮らしの慰みにする人など、二十何万円という高額にもかかわらず、飛ぶように売れているというのも、わかるような気がする。

それは、どういう感情なのだろうか。「たまごっち」の大ブームは、ヒヨコを「世話する」という感覚が、本物の生き物（？）に接する機会の少ない現代人の心をくすぐったのだろうというのが、巷の分析だった。人に借りて、私もちょっとやってみたことがあるけれど、一週間もしたら飽きてしまった。最初は少しは珍しかったが、やっぱり「しょせん」機械のオモチャなのである。

ピヨピヨ啼いてごはんをせがみ、ウンチもするから掃除をし、それらの世話を怠れば、病気になって死んでしまう。死なせると「可哀想だから」、がんばって世話をするのだが、力及ばず死なせてしまう。それはそれでがっかりはするけれど、リセットボタンでまた生まれるので、それ以上悲しくなるわけでもない。面倒になったら、やめればよい。

あなたね、自慢じゃないけど、決して丈夫ではない我が愛犬を、慈しみ世話すること十二年半、下痢が何か月も止まらないと言っちゃ、お粥かしら生肉かしら何を食べさせればいいのかしら、真夜中の悲鳴でウンチに付き合わされ、今度はてんかんの発作が出たぞ、東大病院（ただし農獣医科）に担ぎ込んで脳波の検査、先生この子はどうなるのでしょう、ヤレヤレ発作の鎮め方をようやく覚えたら、次はヘルニアの大手術を二回、またも再発、以来、毎朝の浣腸と時に摘便、老齢化で足腰が萎えてきたので、寝つかせてしまわないようにお散歩はゆっくり時間をかけて、朝に一時間、夕に三十分、寝る前にもう一回、このようにして彼の命と健康とは、彼にとっては絶対他力、私の手の内に絶対的に委ねられているのである。なんで今さらたまごっちごときで、一喜一憂してられますかね。

むろん人間の赤ん坊もそうだろうけれども、人間の子供の場合はやがて親の手を離れてゆくのが確かなのに対し、生き物のペットはそうではない。ひとたび飼い始めたら最後、その最期を看取るまで命の全責任は飼い主にある。面倒になったら捨てればいいというわけにはゆかないからこそ、たまごっちでは絶対にわからない、生き物と付き合うことの面白さと大変さとがある。

たぶん、「アイボ」というのは、たまごっちをうんと精巧にした、しかし基本的には同じようなものではなかろうか。反応の仕方は、複雑微妙にプログラムされているのだろうが、病気で苦しむわけではないし、臭いウンチをするわけでもない。臭いウンチをするロボットを開発することもできるのかもしれないが、それなら本物の生き物を飼うのと同じである。臭いウンチの世話をする手間を厭い、省こうとする気持のそこに、いかにそのしぐさが愛らしいとはいえ、「しょせん」ロボットという気持も、同時に働いているのではなかろうか。ロボットのペットを、人は完全に愛しきれるものなのだろうか。

本当は本物の生き物が飼いたいのだが、飼えないから代わりにロボット、という人の心が求めているのは、おそらく、そういう自分の心に何らかの反応を示してくれるものなのだろう。「孤独な現代人の心の癒し」とは、いかにも言い古されてはいるけれど、やはりそういうことなのだと思う。どういうわけだか人というのは、本来的に、他の心もしくは感情もしくは魂との交感を求めるもので、人間は必ずしも好きではない私のような人間でも、一頭の古びた犬によって、いかほど心を癒されていることか。だからこそ、古びることがなく死ぬこともない機械の犬によって、人の心は本当に癒され得るものなのかどうか。

ところで、機械に心があるかどうかとは、哲学上の伝統的な議論のひとつである。デカルトの著作にもその問いが見出されるし、現代では、最先端の人工知能研究の分野で盛んに為されているようである。

機械に心があるのかという問いは、裏返し、人に心があるのかという問いである。つまり、何のことを心と、われわれは呼んでいるのか。

機械にも心がある、なぜなら心とは情報システムの別称だからだ。こう主張するのが科学系の人々である。いや、機械には心などない、なぜなら心とは生きているものの別称だからだ。こう主張するのが反科学系の人々である。詳しくは知らないが、たぶんこの二派に大別されるはずである。

まん中に立って考えたい。両者ともに、そのような「考え」である。機械に心があると考える人は、そのように考えるのである。機械に心がないと考える人は、そのように考えるのである。ぬいぐるみにも情が移る人がいれば、動物を機械だと思っている人もいる。これはどういうことなのか。

心とは、それを心だと思っているまさにそれが心だという、心の不思議である。機械か生物かが問題なのではじつはない。機械アニミズム、各種フェティシズム、対象に心があるかないかではなく、あると「思う」そこに心があるということだ。だからこそ、問い「心とは何か」は、正当に底知れぬものとなるのである。

老犬介護で夜も眠れず

暑い暑い夏である。

老いたるわが愛犬が、ついにダウンした。十三歳半のコリー犬、大型犬は小さいのより老いるのが早いので、ヒトの年齢に換算すると、九十歳にはなるらしいのだが、それでもボケもせず、それなりに元気にやっていた。が、とうとう来るべき時が来た。

と、一度は覚悟を決めたのである。持病の癲癇《てんかん》の、これまでにない大発作（らしきもの）を起こして倒れ、駆けつけた獣医さんが言うには、この年齢でこの発作を止めるための薬を打つのは危ない。そのまま戻って来ない可能性がある。だって先生、どうしよう、こんなに苦しんでるのに！

失神して、だんだん冷たくなってゆく愛犬を撫《な》でさすりながら、泣き泣き呼びかけていたら、嬉しや、ぼんやり気を取戻してきた。たぶん、あんまり呼ばれるので、河を渡るのをやめて戻って来たのだろう。おや、これはイケルかもしれないね。

一時の危篤状態は脱したものの、その後このひと月近く、家の中は野戦病院の体《てい》である。寝たきり老犬の介護である。痩《や》せたとはいえ、それでもまだ三十キロ近くはあるから、たぶん人間の介護と手間は同じだと思う。中小の発作は続いているから、四六時中気が抜けない。真夜中のキャンでガバと跳び起き、枕元に駆けつけては薬を飲ませたり、酸素を吸わせたり、がんばれがんばれ励ましたり。さいわい食欲はあるのだが、寝たきり犬の口に食物を送り込むのはかなり難しい。なにしろ顔中が口みたいな犬だから、目耳鼻の穴まで、おかゆのご飯つぶが入り込む。

そして、排泄《はいせつ》。おしっこ。うんこ。以前手術したヘルニアの再発後、うんこはすでに自力ではできなくなってはいたけれど、ついに、おしっこまで来たか。下に敷いてあるペット用トイレシートは、大量の尿で、たちまちグショグショになる。コリー犬のダンディーさんは、みすぼらしく黄ばんで、いくら拭《ふ》いてもおしっこ臭い。床ずれがおきないように、体位の変換は二時間毎、四肢脱力した犬のまー重いことったら、ごろんと転がした拍子に発作を起こしたりするものだから、それはさながら地雷から信管を抜く作業である。毎日の往診は、保険のきかない動物医療だから、当然のこと財布は底抜け状態。

清拭《せいしき》。リハビリ。マッサージ。寝たきり犬を中心に回る生活で目を回し、今度は主人が昏倒《こんとう》して入院してしまった。脳貧血である。連載に穴をあけたのも、仕事を始めて以来初めてだ。愛されるダンディーさんには親衛隊員がいっぱいいるから、急遽《きゅうきょ》それらに招集をかけ、代理の介護をお願いしたけれども、これはどこまで続くぬかるみぞ。

けれども、それでも、日にほんの少しずつだけれども生気を取戻してくる愛犬の、その目の輝きを見ていると、なんとか立ち上がらせて、ヨチヨチでもいいから、もう一度一緒にお散歩したい。そう希《ねが》わないではいられない。何より彼自身がそう希っているに違いないのだ。なぜなら、またお散歩に行こうねえ、呼びかければ懸命に起き上がろうとするからである。どうしてこれを捨てておけようか。

獣医も当初は言外にあきらめモードだったのだが、あんまりわれわれが粘るので、驚いているようである。この犬は仔《こ》犬の頃から星がついてるから、ひょっとしたら起《た》つかもね。つまり、カルテの厚さと支払の多さではダントツなのだが、そのつど生き延びて今や長寿を誇っているというわけである。お墨つきは嬉しいけどさ、それなら少しは負けてよね。

獣医の勝手な言い分を尻目に、イカゲソみたいに萎《しな》びてしまった犬の足のストレッチ体操に努めている日々である。おかげでこの夏はまったく仕事にならない。これは著者の勝手な言い分である。

それはさておき、比べたら叱られるかもしれないけれど、ヒトの老人介護の大変さがよくよくわかった。「介護士」という職業が成立する理由でもある。時間、体力、気配り、気苦労、寝たきり老人ひとりの生存のために、健常な成人ひとりが共倒れするというのは、なるほど偽りのない現実である。

これは、介護の資格をもつ知人から聞いた話だが、適齢期もすぎようとする男性が、結婚もせずにひとりで寝たきりの祖母の介護をしている。介護に疲れた母が死に、続いて父が死に、残った彼にお鉢が回ってきたからである。当の祖母がこぼして言うには、「孫の嫁の顔を見るまでは死ねないのよ」。あなたがいるから来ないのよ、知人はあやうく口を噤《つぐ》んだそうである。

笑いごとではない。先進各国はまもなく人口逆ピラミッドの時代に突入する。いま笑っている誰もが、老いて嫌がられる側になるか、嫌でも老いた者の面倒をみる側になるかのどちらかである。どうひいき目に考えても、この話には本当に、希望らしきものが微塵《みじん》もない。

そうは言っても私の場合は犬だから、別れの覚悟は引取った時からできている。彼らの寿命は短いのである。しかも今度の場合は、寿命というより、突発的な病気である。一縷《いちる》の希望はあるわけである。そう思ってはいても、たったひと月の間で、生きるか死ぬかの今際《いまわ》の際《きわ》には幾度も立たされるのだから、老いたる病みたる人々の、長い介護に関わる人々の気苦労はどんなだろう。

その生命が、生きようとしているのか、死のうとしているのかを、見きわめられるようになりたい。生きようとしているなら、生きる方向へ助け、死のうとしているなら、死ぬ方向へ助ける。たぶん、それが自然に沿うということで、どちらの側にもいいことなのだ。死のうとしているものを無理に生かす、それが現代の老人介護や延命医療の不自然だろう。

とはいえ、生きようとしているのか死のうとしているのか、いのちの見きわめは、傍の者には難しいというより、当の本人にすらよくわからないのではなかろうか。現代人は、自身の野性を忘れ果てているから、「死ぬ」ということも、死ぬ時になってみなければわからない。死ぬ時になっても、なおよくわからない。延命チューブで生き永らえている肉親に、「どうなの、お父さん、もう生きていたくない？」、問いかけても、深く黙り込んでしまうことが多いとも聞く。本人にもわからないのである。

本人にわからないのだから、周囲にはもっとわからない。いのちの見きわめをどちらにつけるべきか、しかしその選択できない選択を、四六時中迫られているのが日常なのだから、これは神経戦である。介護する側のほうが先に参ってしまうところだろう。

関係性の問題もある。つまり人の心の愛憎である。お父さんなんか、私には何もしてくれなかったくせに、なんで今になってこんなことしなくちゃならないわけ？　一方で逆に、一分でも一秒でもいい、ボケてもわからなくてもなんでもいいから、とにかく生きていてくれさえすればいいのだと、介護に努める人々がいることも事実である。いったい誰にとって何がいいのか、こうなるともうわからない。

「死ぬ」とはどういうことなのか、老いて考える力を失う前に、できれば生まれたその時点から、各人で考えておくべきなのだ。各人で考え、各人で同じことを理解できているなら、別れの時が来ても、互いへの信頼によって、気持ちよく別れられるはずなのである。ひょっとしたら、死ぬということは、お終《しま》いではなくて始まりであるかもしれないではないか。

来る時が来れば、往き、往かせるがよろし。私はそう思う。生死についての哲学的見解を各自で所持していることと、安楽死制度等の整備が、これから必須《ひっす》のはずである。敬老の日を前に、老犬とともに考えたこと、一言。

蓼科山頂に、耳が…

こんなふうに考えている

十五年間慈しんできた愛犬が死んだ。

去年の秋のことだが、それはまあ悲しいものである。こうして彼について文章を書こうなどしようものなら、ダーと涙が流れて止まらず、ちっとも先へ進みやしない。

大きな犬だったから、焼いても大きくて、骨壺は人のと同じサイズである。まだホカホカと温かい彼の骨を膝に乗せて、車で帰る道すがら、世界が完全に変わったことを私は認識した。彼がいる世界と、彼がいない世界とでは、完全に違う世界である。それは、ゼロと1が違うくらいに違う。ラジオからは、アメリカのイラク攻撃への懸念とか、北朝鮮のミサイル発射への不安とか、相変わらず聞こえてきていたけれども、それがどうした、私のダンディーは死んだんだ。恫喝《どうかつ》するように思ったのを覚えている。

それでも、三月、半年と日がたつうちに、ゼロが1に馴染《なじ》むのか、1がゼロに馴染むのか、世界は彼が死ぬ以前と同じ、ゼロと1との間に納まる。日常生活とは、生と死との断絶を、鋭く意識しない時間に他ならない。ああ去る者日々に疎しとはこのことだなあ、そんなふうにやってゆける我々の常識は、やはり賢いものである。なるほどアメリカも北朝鮮も、我々の生死を握る一大事ではあるけれども、それとて我々の人生の側から見れば、じつはひとつの風景にすぎないような、そういう視点を、どうしてか人は忘れがちである。

死ぬとはどういうことなのか。これが私の年来の疑問であった。その裏返しはむろん、生きているとはどういうことか。これを知り、これを納得してからでなければ、人生いかに生くべきかなど、問いとしてさえあり得ないではないか。幼い私のこの確信は、以来、半分は意地として今日まで貫かれてきたけれども、生きるほどに、確信は常識と一致することを確認するばかりである。すなわち、生死の何であるかなど、誰ひとりとして知らないということである。

常識、すなわち当たり前のことを考えることの面白さは、なあんだそうだったのか、といった種類の、深い納得と確信とが与えられるところにある。それは必ずしも「答え」ということではない。いや決して答えなどではない。なぜなら、その答えとは、それが当たり前であると知るという、当のそのことだからである。生きているのだから、死のことなど知らないのは、当たり前のことではなかろうか。

普通に知識を習い覚えるだけのお勉強では、こうはゆかない。知識を自分の外から覚える種類の勉強は、問いの答えも自分の外に求めがちである。しかし、生きて死ぬのは、他人ではなくて自分である。自分が死ぬとはどういうことなのかという問いに、心臓の停止、肉体の消滅、などが答えになっていると納得できるのなら、それは科学の世界観である。科学が扱えるのは、客観的な他人の死だけだからである。しかし、自分の死を他人の死のように納得できていない証拠には、誰もが死を前にして生の意味を求める。意味などという観察も計測も不可能なものは、科学では扱えない。人は、意味への問いを、科学に求めるわけにはゆかないのである。

それで、現代の我々は多く、その答えを宗教に求める。受験勉強しか知らない理科系の若者が、生の意味を求めてオウム真理教に入信したのは、おそらくこの経緯によっている。けれども、当たり前のことを考える仕方を知らなかった彼らは、いとも簡単に騙された。生の意味としての死後を語る人とて、生きている人だという当たり前に気づかなかったのである。しかし、本当に知りたかったのは、生きるの死ぬのと知ったように人の言う、まさにその、生きるの死ぬのの何であるかということではなかったろうか。

まあ、気がついてしまえば、なにもかもが当たり前で、生きるの死ぬのの何であるかなど、以前ほど私は考えなくなった。そんなものは人間がつけた便宜上の名前であって、自然は人間の理解を超えていると、いよいよ知ることになっているからである。では、このときの「知る」とは、いまや何を知ることなのだろう。この不可解、この謎の感覚こそ、私の日常生活の基調となっているものである。

先日、中学生向けの副読本『14歳からの哲学―考えるための教科書―』を刊行した。習い覚えた知識によって、あるいは身過ぎ世過ぎのあれこれで、謎を忘れてしまう前の、若い精神に語りかけたかったのである。大人にとっては唐突に聞こえることも、子供にとってはそうではない。「僕が生まれる前は、僕は生まれてくることを知らなかったんだよね」という問いを発したという小学生の息子に、お父さんが本書を読み聞かせてくれている。息子は神妙な顔をして聞いていているというお便りに、たいへん嬉しい思いである。

なるほど私の愛犬は死んだけれども、いなくなったわけではない。ごく当たり前に、私はそう感じるようになっている。生と死とは、ゼロと1が違うように違うのでは、じつはない。星雲や銀河が生成消滅を繰り返すのが、この宇宙のありようであるように、現象には断絶はなく、移行があるだけなのである。どうしてそういうことになっているのか、むろん私が知るはずがない。しかし、老いて疲れた犬の衣を脱ぎ捨てた彼とは、すなわち、魂であろう。どうしてか存在する宇宙で、どうしてか出会えたように、いつかまた出会えると思えるということは、素晴らしいことではないか。

いつもいつも一緒だった

彼が死んでから、まだ一年ちょっとしかたっていない。

本当は、こんな文章は、まだまだ書けないのである。アルバムですら、開けていない。どんなことになるか、わかっているからである。こうやって、書こうとするそばから、涙が流れて止まらなくなる。ちっとも前へ進まないのだ。

息子だったのです。

幼少の頃、「ラッシー」に魅了されて以来、いつかコリー犬を飼うのだと心に決め、遂にやってきた黒覆面の仔、「ダンディー」。初対面の犬屋のショールームの中で、一生懸命小さなうんちをしてみせた。

「うんと可愛がってあげるからね」。腕の中の仔に話しかけながら連れ帰った。

「ここが君のおうちだよ」。玄関を開けて中へ放せば、嬉しげに隅々《すみずみ》を調べて回った。一通り調べたら、膝《ひざ》の上に戻ってきて眠った。

回虫のせいで下痢が止まらず、死にかかること一週間。日に二回の往診で点滴。財布の底が抜けた一回目。

生還した仔はすくすく育った。鼻がぐんぐん伸びてきた。朝起きるたび、大きくなっている。甘えてきたって、もうお膝に乗らないよー。

よく遊んだ。とにかく遊んだ。来る日も来る日も、二人で力いっぱい遊んだ。

自転車、ボール、フリスビー。

ピクニック、山登り、海水浴。

雨の日はドロドロになり、雪の日はツルツル滑《すべ》り、輝く陽の下で、輝くような若犬の体力、艶《つや》やかな黒毛を波うたせて疾駆《しっく》、素晴らしいきらきらしい日々。

何をされても怒らない犬だった。他の犬が唸《うな》ってきても、「いやだなあ」という顔でよけて通る。「僕は喧嘩が嫌いです」。教えられること、多々。

優しい優しい犬だった。私が滅入っている時は、ふと傍《かたわ》らにやってきて、膝の上に手を乗せる。「ママ、元気出して」。

臆病であることも人一倍。羊を見て腰を抜かした。一人で橋を渡れない。高いところこわい。水がこわい。でも、ママが怒るのが一番こわい。

明るい笑顔。いつもニコニコ。街行く人々が、彼の笑顔にほほえみ返す。「お利口ですね。いい子ですね。撫《な》でてもいいですか」。町内の人気者。「有徳のコリー」と評した人もいる。

その通り、賢い、聡明な犬だった。私の一挙手一投足を、じいっと見ている。いつまでもいつまでも私のことを見ている。お前は全部、わかっているね。

病気とトラブルの多いこと多いこと。癲癇《てんかん》、ヘルニア、過敏な大腸。フィラリヤの薬が飲めない特異体質で、予防薬はひと月ウン万円。手術数回、一回ウン十万円。その他なんだーかんだーで、カルテの厚さは一等賞。マンションのひとつくらい買えたんじゃないか。

でも、たくさんの病気で、人に優しくされたから、あれほど優しい犬になった。人を信じて、人を見つめて、すべてを信じておまかせすれば、きっとすべてはうまくゆくと、その眼はいつも信じていた。病院の人々も、彼のためなら、一肌も二肌も脱いでくれた。人々に、そうさせるだけのものが、あの犬には確実にあったのだ。

病気しいしい、えっちらおっちら中年もすぎ、私たちは完全な一心同体になった。眼と眼で心を伝え合う。気配だけで瞬時にわかる。外国の諺《ことわざ》にいう、「年老いた犬は古靴のようによく馴染《なじ》む」。それならお前は、私の足の裏の皮みたいに、一緒くたになっちゃったね。

犬との付き合いは、老齢期こそが味である。走ったりはしゃいだりはできないけれども、手をつなぎ、顔を見合わせ、ゆっくりゆっくり歩くお散歩の幸せ。ねえダンちゃん、人生だねえ。このお散歩は、あと何回できるのだろう。毎朝の思いはいよいよ深く。時よ止まれと。

老犬の　瞳の中の　花火かな

山中湖夏の報湖祭にて

メニエールの大発作で、遂《つい》に寝たきりになった。かと思ったが、私は諦めなかった。歩行用の腰バンドをつけて、ねばり強くリハビリ、立ち上がらせれば、自力で歩けるまでには回復した。十三歳の時である。獣医たちは驚嘆した。

決してボケなかった。横になったまま、やっぱりキラキラと私を見ていた。床ずれ防止のマッサージ、睡眠中は垂れ流し、うんちはヘルニアの再発で毎朝摘便である。戦争のような日々、でも私たちは愛し合っていた。

お腹が痛いと言い出したのは、それから一年後、おそらくは、何らかの肝炎で、打つ手はなかった。彼は死んだ。十四歳八ヶ月。

彼は死んだ。私のために生まれてきて、私のために生きた彼は、私の腕の中で死んだ。それなら、どうしていまさら私と彼とが別々になることなんかあるだろう。

犬は、神様が、人のために創った生きものである。人を愛し、人に尽くし、人に愛を教えるために遣《つか》わされた魂たちである。老いて疲れた犬の衣を脱ぎ捨てた彼が、いまもこの傍らに、私のそばに、優しく寄り添っていることを私は信じている。本当に、ありがとう。

ダンディーに　挽歌九首

やはらかな野芝のうへに伏せ居して犬はらからと過ごし夏の日

お散歩は何処もうれし　思ほえずこころ急《せ》きたり野原への道

山小屋のかすかな霧を嗅ぐ君はたそかれ刻《とき》の風を好みし

彼方よりわれを呼ばむか犬の声この夕暮れにひとりし居れば

闇近し山鳥の声遠のきて魂の刻いま始まりぬ

この命あの命とぞおもふわが命　いのちの果てを知るべくもなく

魂の刻来たるらしこの闇にしづかに届く黒犬の声

朝日照る野原を駆けし黒犬は頰に風うけ雲隠れせむ

まとひたる犬の衣を解き放ち御魂のままに峰を走らむ

悲しみを恐れて愛することを控えるか——愛犬

十五年間慈しんできた愛犬が死んで、ちょうど一年になる。もー悲しくて悲しくて、そのまま死んでしまうかと思った。むろん今でも十分に悲しい。そこに当たると、涙がダーと出てきて止まらなくなるツボがある。心の中のそのツボの位置を、それでもさすがにこの頃は心得てきた。普段はそこに触れないようにして心を動かすのだが、時折、今日は思いきり悲しもうというような日がある。そういう日は、思いきりそこを刺激して、思いきり涙を流す。これがじつに気持いいのである。悲しむということは、案外にいいものなのだということが、わかってきた。悲しみを楽しむというのか、そうこうするうちに、広い所に出られるようである。

たぶん、親が死んでも、これほどには悲しくない。親が死ぬのは順番だけれど、犬の寿命は十数年である。コロコロの仔犬の時から、ヨロヨロの老犬になるまで、人の七倍の速さで彼らは生き急ぐのである。後から来たのに先に往くということが、これを迎える者にはわかっている。彼らと我々の出会いの時間というのは、そういうことに決まっているのである。どうして犬の寿命はかくも短いのかと、愛犬家たちは嘆くのだが、しかしこれでいいのかもしれないのである。仮にこれが二倍であると想像してみよ。その別れの悲しみたるや、二倍ではすまないはずではないか。

死なれるのが悲しいから、犬猫は飼わないという主義の人も多い。この気持もよくわかる。けれども、悲しむことを恐れて、愛することを控えるというのは、せっかくの人生がもったいないような感じもする。どうせ死んでしまうのだから、生きるのは空しいことであるのかどうか。

愛犬はとても大きかったので、焼いてもやっぱり大きかった。骨壺は人のと同じサイズである。ペット霊園に入れる気はなかったから、持って帰ってきて、傍に置いてある。壺を入れる厚紙の化粧箱、折り返しがふたつ、三角の耳になっているので、それを耳に模して顔を描いた。長い鼻で笑っている彼の顔である。おかしなもので、こうすると、「彼がそこにいる」という気持に、確実になる。好物を供える。話しかける。そういう行為や心の動きを、少しも疑う気にならないのが不思議である。

ところが同時に、骨としてそこにいる彼に、「今どこにいるの」と問いたくなるのが抑えられない。骨の彼と、魂の彼とは、同じ彼ではないらしい。魂の彼は、肉体を離れたのだから、ここではない別のどこかにいるはずだからである。

ところで、私は今さりげなく、「魂」と言ったけれども、肉体が死んでのち、そんなものが本当に存在するのだろうか。「本当に存在するのか」という問い方を、多く人はするものである。しかし、この問いに答えるためには、まずこの「本当に」の意味から問わなければならないのである。

「本当に」ということが、肉体や物体が存在するようにということなら、魂は本当には存在しない。定義により、それは肉体が存在しなくなってのち、存在するものだからである。しかし、それならそんなものは存在しないかというと、そうとは言えない。「存在しない」すなわち「無い」ということなど、あるわけないからである。

死んでのち何も無いということなど、人はどうしても考えられないから、骨にすら話しかけたりするのである。なるほど、すべては、本当は無いものを在るとしている自分の心の投影なのかもしれない。しかしそれなら、必滅の肉体を本当に在ると思っているのもまた同じく、自分の心の投影であろう。肉体も世界も、この世の一切合財は、心が自ら作り出している幻影であろう。

「dog suit」という言い方が、愛犬家にはよくウケる。犬とは、犬の衣を着た魂なのである。むろんのこと、人もそう。老いて疲れた犬の衣を脱ぎ捨てて、私の彼は今いずこ。幻影でもいい。いずれ幻影である。会いたいなあ。

Ⅱ 人生は、お酒とともに

ダンディーⅠと。

酒癖と嗜癖

酒飲みにとって、飲まない人生というのがどのようなものであり得たのか、文字通り想像を絶している。

これはおそらく、男性にとっての女性、あるいは女性にとっての男性、その生理的感覚がどのようであるのか、互いに全く想像できないというのと同じ性質のものだと思う。相互の懸隔を架橋するものが、この世には、ない。

大げさな

と、飲まない人は思うに違いない。思うそのことが、まさにそのこと、その懸隔なのだ。互いに理解不能であるような人類の二分法、様々あるけれども、男と女、詩人と非詩人、自己と非自己などに加えて、酒飲みと下戸、これを是非入れるべきだと私は思う。

要するに、たんに酒が好きなだけではないのか。趣味か嗜好の問題ではないのか。

そう言うかもしれない。犬嫌いの人に犬好きの気持ちは決してわからないように、酒嫌いの人には酒好きの気持ちがわからない。

「あんなもののどこがいいのか」

しかし、こと酒に関しては、やはりそれとは違う。ことは趣味や嗜好の問題にとどまらないような気がするのだ。なぜなら、犬好きにとっての犬のいない人生は明らかに想像可能だが、酒好きにとっての酒のない人生、これはどうしても想像不能なのだ。それがいったいどのような人生の質であり得るのか、想像しようとしたその刹那に、全表象がぶつりと途絶するような、これは一種苦悶の感覚と言っていい。

想像できないのではなくて、想像したくないだけではないのか。

まあそう言えなくもない。しかし、かつて私は酒と心中することを夢見た。酒樽に跳び込んで溺死することや、酒瓶の中にプカリと浮かんでいる己れの脳髄を、飲みながら恍惚と夢見たのだ。いくら犬好きとはいえ、犬と心中することを夢見る人はいまい。そこがまさに、酒好きの「好き」が、趣味や嗜好を超えているところなのだ。

妙な理屈を言っている

自分でもそう思う。なんだか弁解じみて聞こえる。けれど、酒のことを「スピリッツ」と称した我々人類の事実を看過すまい。酒が精神に与えるもの、それは、酒によって与えられるところの、じつは精神なのである。酒は精神なのである。したがって、酒を飲む私は、精神を飲む。杯を干す、精神を飲み干す。渇《かつ》えた私の精神は、精神漬けになって、ああ、死にたがっていたのだった。

たんなるアル中――

そんなことはない、それとは違う。私は節操を守ったのだもの。朝から飲むことだけは決してすまい、それだけは固く守っていたのだもの。そんなことを始めたら、精神は弛緩してとめどなく崩れてゆくだろう、そのことははっきりとわかっていたのだ。それでは話があべこべになる。そんな飲み方はつまらない。

とはいえ、夜を待つ、暗くなるのを待つ、憚ることなく酒が飲める夜の時間が来るのをワクワクと待っている、やっぱり少しおかしかったのかもしれない。飲みながら考えることが面白くて、ひたすら飲みながら考えていた時期があった。酒を呷《あお》る、精神を煽る。閃く、飛躍する、前進する、再び呷る。酒と精神とをともどもに煽りながら、認識の三段跳び、私は宇宙の果てを、確かに見てきた。見たのは、ひとり杯を呷りつつ考え凝らしている自分の後頭部だったのだが、そうして捉えた考えや感覚の切れ切れは、間違いなく現在の私の認識の種となっているものだ。

酔うほどに冴えわたる、そういう感じになるのだった。思うに、酒に飲まれるとは、酒を飲みこなすだけの精神の力が足りないのではないか。酒は、認識と思考を飛ばす極上のガソリン、うまく点火すれば、どこまでも滑空してゆけるものを、ぶすぶす、ぐずぐずと、この世の地べたにうずくまっている酒飲みをよく見かける。そういう人と飲み合わせるハメになったりすると、飲むほどに自分が青ざめてゆくのがわかる。

あんなにまずい酒はない

いかな高級酒とて、たちどころに席を蹴って、まっすぐ家に帰りたくなる。清めの酒を飲まなければ。

親しいバーのマスター、まさしく酒を愛し酒と死ぬために生まれてきた人なのだが、食べ物屋の主人を羨しく思うことがあると言っていた。人は、食べているときには不機嫌ではあり得ないから、と。彼の心中、推して知るべし。酒が人の本性を露わにするものなら、飲むほどにいよいよ精神的《スピリチュアル》になる私は、酒飲みの鑑ではないのか。酒のない人生が考えられないのは、精神的でない人生が、私には考えられないからなのだ。

「鯨飲する」という形容がふさわしかった時期は過ぎた。その頃にはまさか思いも及ばなかった、「たしなむ」という言い方が、少し理解される年齢になった。

意識と魂

以前なら、「意識」と言ったはずのところを、覚えず「魂」と言っている自分に気がついている。

私がものを考える仕方は、誰か他の哲学者が使用した単語や用語を考えることから始めるのでなく、自分がじいっと感じ考えているそこに、そうとしかあり得ないものとして与えられる言葉を信じる、そういう仕方である。それはもうずうっとそうだったし、またその仕方で大きく誤ったことがないという少なからぬ自信もあるしで、この微妙な変化は、なにか大きな地殻変動の前触れかもしれないと、いっそう自分の感覚に耳をそばだてているこの頃である。

「意識」という言葉、これをいつどこで手に入れたのか、明確な記憶としては限定できないのだが、大学時代に学んだ現象学によって馴染み、物足りず読み散らしていた仏教の書物とくに唯識論によって確信を得、そしてたぶんへーゲル、「意識の経験の学」としてのへーゲル哲学によって自家薬籠中のものとなったと思う。当時書きつけていた認識メモ、その名を「リマーク」、またの名を「酔っ払いの覚書」、これには「意識」の語が、それ自体宇宙を飛び交う考えの砲弾のように、連発、炸裂しているのが見られる。
よろしい！　見えた！
と思った
のだろう
じじつ、見えた。確かに、見た。一切に広がり、一切を浸し、一切を射抜きつつどこまでも自己である。誰でもないことによってこそ誰でもあり得る。意識のこの透明な運動性を自身と把握することによって、それ自体の何であるかその一点を除けば、全認識は、全宇宙は、我が掌中にあった。
あった
いまもある
確かにある
のだが――
「意識」の語と「私」の語のうまく重ならないこと、これがなんとなく気持ち悪かった。私が「知りたい」という衝動、抹香臭く言えば「愛智《フィロソフィー》の心」に衝かれて考え始めたのは、世の御多分にもれずやはり「私とは何か」であった。そして私は「意識」を発見し、ヨシこれだと思ったのだが、「私の意識」という言い方、どうもこれはおかしいとも感じた。なぜなら、これを「私の意識」と言っている、じゃこれは何だ、がどうしても残ってしまうからである。

そのあたりのことも、ガソリン酒を呷りつつ、散々考え、考え果てた。果てて結局、「私」という奇怪な一単語、これがどうしてかしら宇宙の辞書に存在したから、意識は「私」と言ってみたのだ、で納得しようと決めたのだった。

それでもやっぱり気持ちは残る。納得できない気持ちはずっと残っていたのだ。学校を出て、ひとり住んだ酒樽を出て、「自分でない」人に会う。たくさんの人が居る。彼らもまた意識である、世界はまぎれもなく意識である。当然、「私の意識」という言い方に、ますます違和感を覚えるようになってくる。なぜなら、彼らもまたすべからく「私の意識」と言うからである。私が、この私が、「他でもない」この私であるゆえん、これが納得されなければならなかった。納得されなければ、納得できなかった。これはもはや誰でもないから誰でもあるような「意識」に頼るわけにはいかない。思考はいまや、「私」という語、この奇怪な一語の発せられる必然性を狙ってますます尖る。

それで、たぶん、「魂」の語がポロッと出たのだ、魂そのもののようにポロッと。すべてを認識できる意識であるところの私が、にもかかわらず、まぎれもなくこの私、この個別独立の私であることのゆえんは、それが、「魂」、だからである。

折しも私は、雑誌で現代版「対話篇」の試みを連載し始めていた。そう、大胆にもプラトンのそれを真似てのことだ。平行して読み直すプラトン哲学、古代の哲学に発見したのは、あるわあるわ、「魂《プシューケー》」の語――。近現代哲学の「意識」に相当する語は、古代のそれにはないとも知った。

手に入れて、転がしてみる「魂」という語のもつ味わい深さ、ああそうか、そういうことだったか――という深い納得の後味は、「意識」の語にはなかったものだ。たとえば、「私の意識」とは言えなかったが、「私の魂」、これは言える。確かに言えるのだ。奇怪な一語「私」は、やはり永劫不動に宙に浮いたままなのだが、「私の魂」は言える。なぜなら、「魂」の側が転がり移るからである。さて、転がり移る魂とは、何か。他でもない、これが、

輪廻

である。あの「輪廻」、魂の哲学を確立したプラトンにおいても、やはりそれは論理的必然として考えられざるを得なかったのだ。ああ人間の考え至ることは、二千年それ以前から、ずっとずっと同じだった。このとき私は、私の魂が、大きく遙かな流れに溶け広がってゆくのをはっきりと感じるのだ。

ところで、近代以後の意識の哲学にとっては常に眼の上のコブであった「道徳」の問題、これが「魂」を軸に考えることで難なく消滅するということにも私は気がついた。気がついてみれば、なにもかも、あっけないくらい繫《つな》がった話だったのだが。

プラトン哲学の最大のモチーフ、「優れた魂であれ」。これはやはり「魂」でなければ話にならない。誰でもあり誰でもないような意識について、「優れた意識であれ」とは意味をなさない。魂たちは、より優れたものとなることをこそこの世の仕事と、努力し、転生を繰り返すの

だ、「善」のイデアで上がりとなるまで。
「真偽」のほどは知らないが、私にもやはりそのように考えられる。

友だちと。ダンディーⅡ

食の楽しみ

最近は、人中に出るのが億劫になってきたので、あまり出かけないのだが、以前は、食事のために外出するのは、わりと好きなほうだった。

好き嫌いはないいし、体が細いわりに、けっこうな健啖で、普通の成人男子以上は平気で食べていた。ヘビーなフランス料理六皿フルコースを平らげたあと、飲みに寄った店でピザ一枚を腹中に納め、仰天されたことがある。

しかも、飲む。酒が、好き。ワインの銘柄を覚えるといった趣味はないのだが、食事の進み具合と、酒の酔い加減とが、うまく足並みを揃えた時など、ああ酒飲みであってよかった。しみじみと感じる。以前、体をこわして数カ月の禁酒を命じられた時、酒のない食事というのがいかに味気ないものであるかを、痛切に思い知った。「砂を嚙《か》む思い」というと、ちょっと大げさだけれども、それに近い。間が悪いというか、つながらないというか、全体を潤す基調がない。酒は天の恵み、自分の唾液だけで食物を胃に送り込むという機械的な作業よりも、いかほど食事を楽しいものにしてくれていることか。

だから、おいしい酒、おいしい食事のために外出するのは、決して嫌いではないのだが、おいしい酒、おいしい食事のためには、絶対に欠かすことのできないもうひとつのもの、つまり「おいしい関係」というのが、じつはそれ以上に得難かったりする。

私はかねてより不審に思っているのだが、政治家や偉いさんなどが、高級な店で高級な酒、食事でもって仕事の話をするという、その感覚である。もったいないとは思わないのだろうか。せっかくのおいしいものに、ちゃんと集中できるのだろうか。

とてもできるとは思えない。私の知っている限りでも、お金持ちの人や偉い人は、味覚音痴の人が多いような気がする。たぶん、せっかくのおいしいものを、大事がって食べることをしないから、味わい方を知らないのだと思う。

食事の時の対人関係は、ひょっとしたら、味覚そのものを凌駕するのではなかろうか。

たとえば、考えてみてほしい。大嫌いな人、顔を見るのもイヤな人と対面して、おいしいものをおいしく味わうことが、はたして可能かどうか。私は以前、仲の良い友人だったが、なにかの拍子で食事の最中に、大喧嘩になったことがある。高級なレストランだったけれども、それから以後の食事のまずいことったら、いや正確には「まずい」のではなくて、「味がない」。何を食べているのか、全然わからないのである。私はあの時、味覚という知覚と、怒りという感情が、いかに両立し難いものかということが、よくわかった。対人関係は大事である。

かといって、ひとりで食べれば、おいしいものは必ずおいしいかというと、やはりそういうことでもない。これも以前、相手が急用で来られなくなり、待ち合わせの店でひとりで食事をしたことがあるのだが、ちっともおいしくなかった。なんだか、馬鹿みたいなのである。間がもたないし、楽しくない。やっぱり対人関係は大事である。

「おいしい関係」とは、つまり、おいしい酒、おいしい食事を「おいしいね」と語り合いながら共にできるという、それだけのことなのだが、この、それだけのことが、どれほど大事なことであるか。たぶん、さほどおいしくないものでも、それだけでおいしくなるはずだから、関係は食事の不思議な薬味である。

Q　お酒の席での失敗が多いんです

お酒の席での失敗が多いんです。お酒が好きで、週に二〜三回は飲むのですが、ほとんど酩酊するまで飲み、同僚（主に男性）と激論が始まり、やがて口論になったり。先週はタクシーの運転手さんと道順が違うと言い合いになり、途中で降ろされてしまいました。そんな日の翌日は、いつも自己嫌悪。飲むと気が大きくなるのは自分でも自覚しています。ちなみに、しらふの私は口数が少なめでおとなしい人で通っています。

（31歳・雑誌編集）

A　ウサを晴らすために酒を飲むのは、お酒に対して失礼というもの。人生に酒という友があるのは大切なこと。友を大事に。

私もお酒は大好きで、最近でこそおとなしくなりましたけど、若い頃はけっこうな大酒飲みでした。

ほどほどでやめることができず、やっぱり必ず酩酊するまで飲んじゃうものでしたが、私があなたと違うのは、酩酊はしても、わからなくなるということがない。なんというか、意識のある部分がいよいよ冴え渡って、自分が言ったことも、相手が言ったことも、状況の仔細も、全部はっきり憶えているのです。まあ確かに、翌日思い出して笑っちゃうようなことも多々ありましたけど、とくに後悔したということもない。相手の方（主に男性）が、憶えていないことが多かったから、思い出して青くなったのは、むしろ彼らのほうだったでしょうね。

あなたは、本当に「お酒が好き」なのでしょうか。酒が好きとは、酒のおいしさを味わうとともに、酔ってゆく自分を楽しめることでしょう。飲んで楽しくなれないのなら、なんのために酒など飲むのですか。本当に酒が、飲むことそれ自体が好きなのですか。

　カラミ酒の人と飲むのは、まったくのところ愉快でない。そういう人を観察していると、必ずしも酒を飲みたいわけではなくて、酒を理由にして本当は別のことがしたい。別に言いたいことがあったり、何か発散したかったり、要するに酒それ自体が目的なのではないのです。酒をダシにして自分のウサを晴らしたいのです。しかし、それでは、お酒に対して失礼ではないですか。本当の酒好き、酒を愛する者として、私はそう感じますね。

　飲むと気が大きくなるのは、飲まない時に気が小さいからです。飲まなくても気が大きいようなら、飲んで失敗することはなくなるでしょう。酒に仮託して大胆になろうなんて、その計算からして姑息なもので、まずそこから改めなければ、あなたの酒癖は直らないと思います。

　タクシーの運転手とどなり合うなんて、私はしょっちゅうですが、全部しらふでやってることです。「文句あるなら降りるわよ！」。きっちり筋を通したあとは、じつにすっきりしていますね。自分が正しいと思ったことを、内に溜め込んじゃいけません。思いを溜め込むとロクなことになりません。酒を理由に噴出するのは目に見えてます。

　人生に酒という友があるということは、本当に幸せなことだと思います。友は大事にしようではありませんか。

納涼ビアパーティ

クサンチッペ　陽が落ちると、ようやく人心地ね。
ソクラテス　うーん。
クサンチッペ　今日もまあよく暑かったわねえ。
ソクラテス　いや暑かったねえ。
クサンチッペ　あたしは大ジョッキ。
ソクラテス　僕も。
クサンチッペ　お兄さん、大ふたつ！
ソクラテス　ほい、乾杯。
クサンチッペ　かんぱーい。
ソクラテス　――うまい！　あーあ、うまいなあ。なおお前、うまいなあ。
クサンチッペ　あはーっ、おいしー！　あーあ、よかった。
ソクラテス　うーん、よかった。ほんとによかったと思うよね。一日《ひとひ》の終わりに口にする、冷えたビールの一口め、何がどうあれ、ああよかったと思う時だね。
クサンチッペ　焼鳥ちょうだい。あとポテト。
ソクラテス　僕は枝豆。
クサンチッペ　夏の楽しみ、これ最高ね、ビアガーデン。あんた、どこにも連れてってくれないし。
ソクラテス　なにもお盆の混んでる時に、わざわざ出かけるこたないさ。
クサンチッペ　そうなんだけどさ。
ソクラテス　どこ行きたいんだ。ハワイか？
クサンチッペ　そんなんじゃないけど――。どっか素敵なリゾートとか。
ソクラテス　冷えたビールのこの一杯、これぞ極楽、別天地じゃないの。
クサンチッペ　まあね、そんな気もするんだけどね。
ソクラテス　そうさ、僕はそうだな。居ながらにして極上のリゾートだ。
クサンチッペ　安上がりな人。
ソクラテス　ああ、なにしろ中身に値段がつかないからな。
クサンチッペ　あたしは贅沢も好きなんだけどな。
ソクラテス　贅沢の嫌いな人はいないさ。何を贅沢と思うかだ。
クサンチッペ　別荘、クルーザー、ファーストクラス、オートクチュール――。

ソクラテス　いいねえ、夢だねえ。
クサンチッペ　バブルな夢だったみたいね。
ソクラテス　ちょうどいいんだよ。
クサンチッペ　もともと関係なかったじゃない。
ソクラテス　それがいいんだよ。
クサンチッペ　不景気なうえに、震災とオウムの追い打ちで、今や末世だってみんな言ってるわ。
ソクラテス　ああ、大げさだな。人の世が末世じゃなかったことなんて、あるのかね。人間がヤワになってる証拠だよ。
クサンチッペ　そうかもねえ。
ソクラテス　たまたま平和な時代に生まれついたってだけのことじゃないか。戦乱の世に生まれついた自分を考えてみたことがないなんて、みんな大した想像力だと僕は思うね。
クサンチッペ　だって、誰だって、自分の知らないものは知らないもの。
ソクラテス　うん、その通りだ。確かに誰も、自分の知らないものは知らないね。しかし、僕らがほんとに自分の知ってるものしか知らないのだったら、歴史なんかをもつはずないのだ。歴史なんてのは、自分の知らない過去の他人の集積なんだからね。しかし、僕らはちゃんと歴史をもっている、それを知っている。

クサンチッペ　ああ、きょう八月十五日。
ソクラテス　終戦記念日だ。
クサンチッペ　ちょうど五十年だってさ。半世紀。
ソクラテス　「戦後五十年とは何だったのか」、か――。なんでみんな、そういうものの考え方しかしないのかなあ。
クサンチッペ　なにが。
ソクラテス　誰も自分の生存の条件を、滅多に越えようとはしないねと言ってるのさ。
クサンチッペ　めんどくさい話きらい。あたしビールおかわり。たまたまキリのいい数字だから、なんか言わなくちゃと思ってるだけでしょうよ。
ソクラテス　ああ、おおかたそんなところだろうな。どうせなら僕は、こう問いたいところだね。「有史五千年とは何だったのか」。
クサンチッペ　そんなのもっと、とりとめがないよ。
ソクラテス　いや、それが違うのだ。自分の生きているところから、自分が生きていることを問う、これが最もとりとめがないのだ。みんなそれがわかってない。おんなじ人間なんだから、うんと昔を見ればいい。なにもかもが、出来事も人々も、くっきりとした姿で見えているじゃないか。明らかな形であるじゃないか。あれは僕らだ。そのときそこに生きていた僕らなのだよ。歴史は鏡だとはよく言ったものだ。

僕はいつも思うんだ、新聞も雑誌も評論家も、自分の時代を追いすぎる。自分の時代を追いすぎると、結局自分を取り逃がすのだ。連中、歴史認識がどうの、あれこれ言い合ってるけど、あれこれの仕方で認識できるような歴史が、ほんとの歴史であるもんなのかね。彼ら、いったい何を見ているつもりでいるのかね。

クサンチッペ　知ってる？　不戦決議っての。戦争起こして御免なさいって謝るんだって。なんか、変じゃない。

ソクラテス　うん、変だ。ほんとに変な話だね。変な話だけれども、謝るべからずって意地張ってるのも、同じくらいに変だと思うね。誰が誰に対して何を謝ったり謝らなかったりできると思っているのか、要領を得ない話だね。みんな、自分がいったいどこに居るつもりでいるのかね。

クサンチッペ　謝ったって、死んだ人は帰って来ないよ。

ソクラテス　そう。そして、謝らなくたって、やっぱり死んだ人は帰って来ないのだ。だからこそ僕は、歴史は現在の僕らとは独立にそこにあるものだ、僕らの認識の仕方ひとつであれこれ変わるような何かじゃないと言うのだよ。なあ、これは驚くべき当たり前なことだとは思わんかね、お前。

クサンチッペ　歴史は、鏡だ。

ソクラテス　その通り。

クサンチッペ　どういう意味？　お手本にするってこと？

ソクラテス　そうじゃない。それは決してそういう意味じゃない。そういう見方が既に鏡を見る見方じゃないのだ。鏡に映るものはなんだい？

クサンチッペ　自分。

ソクラテス　そう。鏡を覗《のぞ》けば、そこにはいつも自分が映る。いいかい？　さっきお前は、誰も自分の知らないものは知らないと言った。まさにその通りだね。戦争を知らない人は戦争を知らないのだ。しかしその人は、過去に戦争があった、そして、たくさんの人が辛《つら》い目にあって死んだということを知っている。では、このときその人は、何を知っていて何を知らないと言うべきなのだろう。

クサンチッペ　戦争を知っていて、戦争を知らない。

ソクラテス　そう。自分の体験としては知らないが、他人の体験として知っているということだね。僕らが、自分のではないのに他人の体験を「知っている」と言うことができるのは、どういうことなのかな。

クサンチッペ　そりゃあ、だって、おんなじ人間なんだから、全然わかんないってことはないわよ。わかんないものは最初っからわかんないんだし。わかるわよ、だいたい。おんなじ人間なんだから。

ソクラテス　だろ？　おんなじ人間なんだから、だろ？　僕らはみんな互いに違う人間なのに、やっぱりおんなじ人間だと言う。またそう言って納得もする。すると、違っているものは何で、同じものは何なのだろう。

クサンチッペ　違っているものは、顔かたち、生まれ育ち、性格や考え。同じなのは、そうねえ——それでもそうやっていろいろやって、やっぱりみんな死ぬ、ってことかな。

ソクラテス　うーん。いいねえ。お前、少々酔っ払ってる方が冴《さ》えてるなあ。

クサンチッペ　あ、そーお？　んじゃ、もうちょっと飲んじゃお。おかわり。

ソクラテス　僕もだ。

そうだ、まさしくその通りなのだ。僕らの人生は、人生のその中身は、皆違う。どれひとつとして同じでない。なぜならそれは、僕らがそれぞれ別々の人間であるからだ。別々の人間ではあるのだが、やはり同じ人間だと僕らは言う。違う人間だと言うためにも、やはり同じ言語を用いてそれを言う。すると、このとき何を同じだと言っているのかといえば、それはもうそれぞれの人生の中身の側ではないはずだね。人生が人生であるための形式、生きて死ぬというその形式の側において、僕らはひとり残らず同じなのだ。同じ人生を生きて死ぬと言えるのだよ。そこで同じと確言できないような個性なんて、僕は決して信用しないね。

戦争の時代に生まれた人は、戦争の時代を生きて死に、平和な時代に生まれた人は、平和な時代を生きて死ぬ。しかし、生きて死ぬというそのことにおいては、どの時代であろうが全く同じだ。誰もが自分の人生を生きて死ぬしかしようがないんだからね。だからこそ、歴史は鏡だ、そこにはその時代をその仕方で生きていた自分の姿が映ると、僕は言うのだ。いや、言ったのはじつは小林秀雄なんだがね。まあいいや、誰が言っても、それこそ同じだ。

自分の体験としては知らなくても、他人の体験として「知っている」と僕らが正当にも言うことができるのは、このためだ。知っている、僕らは知っているのだよ、生き死にの否応《いやおう》なさにおいて、全ての人間が自分であるということを明らかに知っているのだ。知っているから、言葉がある、歴史がある。もしも僕らが、自分の時代を生きている自分のことしか知らないのだったら、なんで言葉があるのだ、歴史があるのだ、それらを理解できるのだ。

みんなもっと謙虚にならなきゃいかんよね。謙虚になれば知るはずだ、僕らは過去の他人の人生なんか、じつは知りはしないんだってことをね。己れを空《むな》しくして、そこに在るものをただ見ることだ。いやしかし、ほんとはこれが最も難しいことなのだ。歴史を上手に思い出すこと、これはとにかく難しいことなのだよ。

クサンチッペ　調子でてきたね。なんかよくわかんないけど。わかんないんだけどさ、戦争で死んだ人はきっと悲しかったろうなって、死んだ人のことをずっと想《おも》ってる人は、きっともっと悲しいだろうなって、そういうことでしょ？　そういうことでないんなら、あたしやっぱりわかんないよ、あんたの話。

ソクラテス　なに言ってんだい、そういうことだよ。そういうことでないんなら、なんで僕がかくまで雄弁なのだ。僕はジャーナリストでもなけりゃ、評論家でもないんだぜ。僕はたんなる市井《しせい》の人間だ。生まれたから死ぬまでは生きてるだけだ。けれども僕は考える。最後のところまで考える。僕らが生まれて死ぬというこのことは何なのかってことを、きちんと考え抜くそのことにおいて、僕は彼らとは違う。自分の分際をわきまえていられるわけなのさ。

クサンチッペ　生きてる側の人がつべこべ言うことで、死んだ人が帰って来るなら、悲しいことも随分減るよね。

ソクラテス　うん、しかし、じつは死んだ人は帰って来るのだ。生きてる人がそう思うことで、彼らもまたここにやってくるのだよ。

クサンチッペ　ああ、今夜はお盆だ。

ソクラテス　そう。

クサンチッペ　あ、やって来た。

ソクラテス　え？

クサンチッペ　ほら、プラトンが来た。

プラトン　おばんです。

ソクラテス　おやおや来たかい。こりゃちょうどいい。さあまず一杯、冷えたところを、グイッとね。

プラトン　嬉《うれ》しいな、ではでは頂きます。グイッと、こう、グイッとね——。ふーう、うまい！　うまいなあ。ねえソクラテス、これぞ極楽、別天地だ。

ソクラテス　ほらね、彼もそう言うだろ？
プラトン　なんですか？
ソクラテス　いやね、これがどっか贅沢に連れてけって言うからさ。
クサンチッペ　えー、あたしー？　あたしもういいわー。なんかしみじみしちゃったわ。
プラトン　そりゃまたどうして。
クサンチッペ　死んだ人がさ、悲しい思いで死んだ人がいっぱいいるってことよ。ねえプラトン、悲しい思いで死んだ人はどうなるの？
プラトン　どうなるって、あなた——。
ソクラテス　その後どうしたね、魂についての君の学説。
プラトン　あっ、意地悪、皮肉ですね、ソクラテス。あなたはいつもそうやって、私にばかり無理なことを言わせようとする。
ソクラテス　そりゃ君、邪推だよ。僕はほんとに訊《き》いてみたいんだ、魂とはどこまで論理的な存在であり得るのかってことを、是非君にね。
クサンチッペ　戦争で許嫁《いいなずけ》を失《な》くした人が言うのよ、「あの人ははたちのままなのに、あたしはこんなおばあちゃんになっちゃって、向こうで会ったときどうしましょ」って。これ、どう考えたらいいの。
プラトン　——。

クサンチッペ　それでそのおばあちゃんも次に死んで、向こうで彼氏に会ったとき、彼氏は彼女をわかるのかしら。
プラトン　――――。
クサンチッペ　わかるとしたら、やっぱり魂にも眼と顔があることになるのかしら。
プラトン　――――。
クサンチッペ　でも、魂にも眼と顔があるんだったら、この世のこととおんなじでないかしら。でも、その間の時の経過はどうなってるの。だって、彼氏は美少年でも、彼女、シワシワなのよ。
ソクラテス　いやこれは難しい。考えれば考えるほど、わけがわからなくなってくるね。
プラトン　あんまりいじめないで下さいよ。僕らの魂、魂《プシユーケー》の行方なんて、考えて遥かな気持になりこそすれ、正解なんてどうやって手に入れられるとお思いです。
ソクラテス　おや珍しい。君らしくもなく弱気だね。
プラトン　歴史を上手に思い出すのは難しい。しかし、魂を上手に思い出すのはもっと難しいことなのですよ。なにしろ相手は、人なのやらモノなのやら、人格なのやら作用なのやら、杳《よう》として知れない漠としたものなんですからね。それがそれであることは知っているが、それがなんであるかは知らないと言ったのは、貴方《あなた》のほうじゃないですか。
ソクラテス　いや全く。不思議なことときわまるよ、僕らが居るということは。僕は僕だ、明らかに僕だ。いや正確には、僕は僕を僕と言う、そのことにおいて僕なんだが、僕はいつ僕のことを僕と言ったのだか――。僕は僕が僕でなかった時のことを、上手に思い出すことができないのだ。己れを空しくして歴史を思い出す。しかし、己れを空しくして己れ以前を思い出す、これはもう至難のわざと言っていいね。

クサンチッペ　ねえだからさあ、死んだあたしは誰なのよって、訊いてんのよー。

ソクラテス　さあねえ、誰なのかねえ。

クサンチッペ　あたしも死んだら、今度は紅顔の美少年と――。

ソクラテス　美少年とどうするんだ。

クサンチッペ　めおとになるのよ。

ソクラテス　めおとになってどうするんだ。

クサンチッペ　幸せに暮らすのよ。

ソクラテス　暮らして、やがて死んだらどうなるんだ。

クサンチッペ　死んだら――あれえ？

ソクラテス　どうなるんだ、おい、どうなるんだよ。

クサンチッペ　よしっ、死んだら生まれて、もう一回あんたとめおとになるっ！

〈魂〉のインフォームド・コンセント

厚生省が、がん検診をやめるのだそうだ。

「近藤誠医師の勝利」と、週刊誌の見出し広告にあるのを見た。彼の孤軍奮闘によって、医者と患者の力関係が、少しずつだが変わってきているという話も聞く。

私には医学の知識がないのだが、近藤氏に共感を覚えているのは、したがって、その「理論」のほうにではなく、その「姿勢」のほうにである。

「理論」ということなら、「がん」と「がんもどき」というそういう話なら、これは彼ら専門家の間でしか判定不可能な話なのだから、素人あるいは患者としては、どうしようもない。それでも、素人あるいは患者が、素人あるいは患者だからこそ最大に知りたいのは、唯一、

「がんによって、人は死ぬのか」

というそこ、その一点、他の医師が曖昧に、あるいは岩のように口を閉ざして語ろうとしない、その一点だけなのだ。そして、その一点について、近藤氏のみがこう言い切ったのだ。

「がんでなくても、人は死ぬ」

この一点においてのみ、私は、医学の知識なくとも氏に共感を覚える。がんであろうが、がんもどきでなかろうが、そんなことは、べつにどっちだっていいのである。がんでなくても人は死ぬのだから、がんであろうが、がんもどきでなかろうが、同じなのである。

（中略）

自分だけは絶対に死なないと思っている患者と、この患者は必ず死ぬと思っている医者とは、いかに付き合うべきなのか。

「がん」に限って、話を進めてみたい。

がんを「死因」とする年間死亡者数は二十五万人だそうだ。交通事故死者が一万人で、現代の「死に方」としては、がんがいちばん数が多いのだそうだ。けれども、現在の日本の総人口は一億人なのだから、数のうえでは常に必ず一億の死があるのだから、その数を多いというべきなのか少ないというべきなのか、私にはよくわからない。たんに、その数であるというにすぎないと思う。

のだが、誰もが自分だけはその二十五万人に入らない、いや、入りたくない、と思っているようである。そうして、自分はがんであるのかないのか、それを知ることを恐れることで、医者のもとを訪れる。

これだけで、すでに十分逆説的な状況である。がんセンターを訪ねるよう指示された患者が、そこで「がん」と言われて、パニックに陥り、医者が訴えられた、という話を聞いたことがある。「それでも聞きたくなかった」のだそうだ。

ところで、私は以前から、その国立がんセンターのある医師と懇意にしていて、非常に面白がられる。かなり珍しいタイプなのらしい。そして、気が合う。

ところが、その彼にして、口の堅いことったら、こちらが気を遣って水を向けてあげないことには、決して口を割ろうとしないのである。最初のうちは、互いの虚を衝《つ》いて手裏剣を投げ合う、といった具合だったのだが、次第に、匕首《あいくち》を握って睨み合う、というふうに変わってくる。問答でいう、「言え言え！」というあれである。このやりとりの緊張感には、私には一種心躍るところがあり、彼もまた、まわりをはばかって笑いを噛み殺すに必死である。

「そりゃ患者の心理ですか」

いきなり訊くから、

「哲学者の心理がべつにあるとお考えですか」

と返した。

「たばこはやめてください」

と言うから、

「たばこはのみません」

と答えたら、

「いや、たばこはやめてくださいと言っただけです」

私が大酒飲みなのを、知っているのである。憎らしい。「動転しましたか」と訊かれた時には、さすがに動転した。意味がわからなかったのである。彼をよほど動転させたのらしい。私も大したもんである。それからは、じつに嬉しそうに私のことを待っている。

ある一線を越えさえすれば、医者と患者とは、かくまで信頼し合えるものなのである。そして、その信頼が、これからひとつの仕事を共にするにあたり、いかに大事なことであるか。医者と患者との間に、いま欠けていて、そして絶対に必要なもの、それは「対話」である。現場を見ていて、私はそれを強く感じた。

医者も、患者も、語らなすぎる。「その一線」を怯えすぎるのである。どちらが怯えているのか、どちらも構えているのだ。言って、構えられるのを、怯える。言われて、怯えるから、いよいよ言わせない。この不毛な膠着状態は、どちらにとっても望ましくない。「何をどうしたいのか」、目的が明確でないからである。目的が明確でないものは、過程も明確でない。失敗したらば、後生も悪い。

けれども、おそらく、先に変わるべきなのは患者のほうだ。医者の側がいくら変わろうとしても、患者の聞く耳がなければ、医者は変われない。「人は必ず死ぬ」という絶対的事実に、経験的に慣れているのは医者のほうなのだから、次は患者が目覚める番だ。「人は必ず死ぬ」というその認識を共有することにおいて、互いの信頼を確認し合えるからこそ、それなら次はどうするか、を率直に話し合うことができるのである。

患者よ、がんとは闘わずして勝て。

以前私は著書の中で、ソクラテスにそう言わしめたけれども、「闘う」「闘わない」という構え以前に、そも「闘う」とはどういうことなのか、人は何と闘うつもりでいるのか、まずそれを考えてみるべきではないだろうか。

人は、生きている限りは、生きているのだから、そして、生きているということは、生きているということなのだから、生きている限りは、生きているそのこととは、そもそも闘いようがないのである。たんに、生きているだけである。なにも、変わらない。がんであろうがなかろうが、生きているというそのことには、なんの変わりもないのである。

むしろ、「闘う」「闘わない」というその構えのほうに、無理があるのでなかろうか。「闘う」という言い方をする限りは、相手は「敵」である。しかし、がんといえども、自分（の体）の一部である。「敵」と名指されれば、相手だってその気になろう。とくに仲良くするのでもなく、とくに敵視するのでもなく、同じ自分の生命現象を認めて付き合う。それが穏当なところではなかろうか。私にはそんなふうに感じられる。

患者は、無理を言う医者には頼まない、と言える程度には強くいたほうがいいと思う。これからは、考えなしに進歩しすぎた医療技術の弊害が、いよいよ出てくる時だから、ますますそれが必要な時だ。

言うところの「クォリティ・オブ・ライフ」というのは、私なりに訳してみれば、生死という論理形式に対するところの、生命という現象内容の側の、その質、それにこそ注目せよということだろう。

私にしたところで、論理だけで事がすむなら、こんなにわかり易い話はない。私は、面倒なことが、何よりも嫌いなのである。しかし、論理は論理で、現象は現象である。しかし、裏返し、現象が現象なのは、論理がそうだから、その現象なのでもある。

やはりヘーゲルが偉大だったと思うのは、論理が現象する、すなわち生成《ヴエルデン》を、「弁証法」として明らかならしめたところで、いまさらながら深く納得させられる。「人生の論理学」として、あれ以上のものを、私はまだ知らない。

で、「近藤理論」が、「がんもどき」レベルの話ではなく不備だったと思われるのは、つまり必要以上の反発を買ってしまったのは、「論理」の側のみで語って、「現象」の側を取り落としているかのように読めるところにあると思う。「生死」という論理ではなく、「生命」という現象、これをどうするか、それをこそもう一度、医者の立場から語るべきではないだろうか。

そして、患者は、自分の中に常に「秤《はか》り」をもつべきだ。現代医療は、よりどりみどりのメニューを用意してくれるけれども、そして、かえって患者は以前よりも迷うようになっているけれども、惑わされてはならない。医者の勧めは、話半分で聞くのがいい。彼らにしたところで、この患者は、少しでも長く生きたいと思っているのか、あるいは少々短くても楽に生きたいと思っているのか、肝心のそこの確認がとれていない限り、勧める態度も曖昧にならざるを得ない。

だから、こちらから、はっきりと訊いてあげるべきなのだ。この場合だと残り時間はどれくらいですか、この場合と比べてどれほどのリスクがありますか。ならば、秤りにかけて、こちらのほうを自分は選ぶ。これでゆきましょう。共にやりましょう。

もっとも、そうそう話のわかる医者ばかりではないらしい。私も何度か、医者を変えた。曖昧なくせに、尊大なのである。こんな医者、使えない。

最後かもしれないこの世の仕事の共同作業なのだから、パートナーはしっかり選ばなくては損である。おまかせします、と言っておいて、うまくいかないと文句を言うわけにもいかない。失敗したとて、「やあ失敗しちゃったね」、お互いに悔いの残らない信頼関係を、元気のあるうちに築いておくべきだろう。

主導権は患者にある。けれども、なぜ主導権が主導権であり得るかというと、言うまでもない、「自分もまた必ず死ぬ」という事実が、明確に認識されているからである。この事実を怯えて避けて、「主導権は患者にある」と威張ったところで、無意味であろう。死ぬ時には死ぬからである。「権利」で責められる医者の身にもなってあげたい。

医療とは、明らかにサービス業の一種である。扱う「商品」が、人間の生命という、他の物品とは少々毛色の違うものであるだけであって、商売の構えは明らかにサービス業である。したがって、サービスを買いにゆく患者という客も、その意味では、一種毛色の違う覚悟が要求されている。そこで扱われる「商品」が、他でもない、自分の生命だからである。

先日私は、うまい標語を思いついた。

「内なるホスピス、外なるサービス」

けっこう使えると思う。随時、使ってみてください。

（以下・略）

六月の病室で

今度は、父親が、がんである。

まるで、がんに非ざれば人に非ず、といった状況である。

どこの家でも、そんなことをやっているらしく、きょうび、がんは本当に珍しくない。

父親は六十九だから、ひと昔前なら、とくに早いという年齢ではなかったのだろうけれど、最新設備の立派な個室で、手術を控えて神妙にしている本人を前にすると、何と言うべきなのか、よくわからない。

もともと淡白な性格の人で、なにがなんでも生きていたいというほうではないのだが、そのこととはべつに、若干、気の弱いところがあり、手術（なんて恐ろしいこと）をするくらいなら死んだほうがよい、とは、ずっと若い頃から折にふれ宣言していた。

が、いざ、それが避け難い状況になってみると、敢えて死ぬ理由も見つからずで、はたで見ていても、ちょっと気の毒なくらいに悩んでいる。

「死ぬのがイヤ」なのではなく、「切るのがイヤ」なのである。血を見ると卒倒する、あの夕イプのうんと極端な人で、これはもう、どうしようもなく本人の生理なのだから、慰めようもなく、家の者は腫れ物に触わるようである。

しかし、いちばんかなわないのは、やはり本人だろう。なるたけ考えないように努めたところで、避けて通れるわけでなく、考えないように努めるというまさにその一点に、考えが追い詰められるのだろう。一晩で寝汗をびっしょりかくと、母親が言っていた。気の毒だけれど、仕方がない。

入院している慶應病院が、私がいま居る所に近く、毎日は通いきれない母親に代わって、私が仕事を終えて夕方顔を出すと、『ルバイヤート』などを読んでいる。「盃を満たせ、明日は我が身だ」という、あれである。

けれども、これは、じつはいまに始まったことではない。彼は、若い頃、いわゆる働き盛りの頃から、ずっとああなのである。信じ難いことに、これが本当に信じ難いことだということが、最近になってつくづく私にはわかるのだが、なんと彼は、あの朝日新聞社で編集委員という仕事をしていたのである。

四十五年間を、死んだふりをして生きてきたのらしい。本当は、学者になりたかったのらしい。大学を出ても就職のない時代で、学問を続けるお金もなく、仕方なく入った新聞社である。最初は、相当つらかったらしい。「知性が磨滅する」、そうこぼしたことがあると、母親から聞いたことがある。そして、入社して数年、二十七の時に一大決心をして、以来、「怒るのをやめた」と、これは以前本人から聞いた。

けれども、これは彼にとっては、まさに不幸中の幸いというべきで、あの会社は編集委員などになると、自由でヒマで、勝手なことをさせてくれる。したがって、彼は、ほとんど会社へ行かなかった。私が中高生の頃、つまり彼が働き盛りの頃、食事を三度とも自宅でとっていた。「論壇」の担当をしていた時など、午後にちょっと出社して、投稿原稿のチェックをし、七時にはきっかり帰ってくる。そして、書斎に引きこもって、『論語』などを読んでいる。

博識である。博学である。そして、上品である。あんな上等なインテリが、あんな（がさつな）新聞社にいたということが、いかに驚くべきことであるかということが、いまになって私にはようやくわかる。なぜなら私は、彼のような人を身近で見て育ったから、世の新聞記者というのはみんなあんなふうなものなのだとばかり、思っていたからである。自分が文筆の世界で仕事を始めて、初めてそれが大間違いであったということを知った次第である。

差し向かいで、ゆっくり話をしたことなんか、これまであったろうか。

私の向こうみずな気性が、危かしくて見ちゃおれんという、まあどこの家でも多かれ少なかれはそうである父娘関係で、しかも私はそういうのを人一倍うるさがるほうだから、まともに相談事をしたことなどほとんどない。実力行使、事後承諾、常にその戦法をとってきた。

が、夕暮れの病室で、あれこれ近況の報告などしていると、

「お前の仕事は大事な仕事なんだから、お前は元気で生きなさい」

なんてことを言う。

なんでもっと早くそれを言ってくれなかったのよ。

と思わなくもなかったが、いまそれを言うのも気の毒だし、何より、そう言ってくれただけでも、十分にありがたい。

私の仕事を、もっと見ていたいらしいのである。たぶん、自分がしたくもできなかったことだから、いっそうそう思うのだろう。したくてもできなかったのは、誰のせいでもなく自分のせいなのだから、だったら、なんでそうしなかったのよ。

なんてことは、やはりもう言わない。思想は似ていても、気性が全然似ていない父娘の、これも縁、手術と予後が良いことを祈っている。


ところで、父親のがんは、「いま流行りの」前立腺がんである。これがひとしきり話題になったのは、ちょっと前、すでに快癒された読売新聞社社長の渡辺恒雄氏の貢献によるところが大きいらしい。

ナベツネ氏とは、一昨年のちょうどいま頃（一九九六年六月）、人を介して、食事を共にしたことがある。

場所は、あの、築地の「吉兆」であった。

仲居さんが、恭々しく虫籠を捧げてもってくる。虫籠にからませた豆電球が、かそけく点滅

している。部屋の照明を少しくおとすと、

「ホタルを模しましたのでございます」

中身は、モロキュウであったのが印象的であった。

大学で哲学を学んでいたという氏が、私の書き物、とくに「口語訳哲学史」に興味をもたれ、雑誌で批評を書いてくださったのがきっかけである。

卒論は、ヘーゲルだったという。

ヘーゲルについてなら、私も一家言あるところである。

俗世の俗塵から逃れたくなるとヘーゲルを読むとおっしゃる。ベッドサイドにカントとヘーゲル、自分にとって形而上学は逃避の場所だとおっしゃるから、それは、違う。決定的に、違う。

私は異論を申し立て、議論は見事な平行線を辿った。

「あんたは、まだ若いから」

若いから、死のことなど切実に考えられないだろう。自分はいよいよ視界に入ってくるから、あれこれ考えざるを得ない、とおっしゃるから、それも、違う。

私は異を唱えたが、説得しおおせるには至らなかった。しかし、「吉四六《きっちょむ》」のお湯割りを片手に、氏はじつに楽しそうだった。こういう議論は、めったにしないと。

それなら、ジャイアンツのことなんか、ほっておかれたら如何です、と言いかけたが、やめた。人はそれぞれ、やはり自分の好きなことをのみ、するものだからである。

氏が御自分の病状を、新聞で逐一報告されるのをみて、少々度が過ぎないかと感じていたが、意外なことに、私の父親が、あれを評して「立派だ」と言う。いや大した男だ、見直したと。いったいどこが立派なのかと訊ねると、経営者、責任ある立場の者として、あのような態度表明、責任の所在を明らかにしておくことは大事なことなのだと言う。

ふうん、そういうものなのか。

私は、自分の死について、他人に責任を負っていないから、そういう角度から物事を見る癖がない。ものごころついて以来、ひとりきりで、どこでもいいから、往き倒れて死にたい、それが一種もう悦びに近いような願望としてある。それが、少なくともこの地上における究極的自由の形と、深く信じているのである。

自分が死ぬのに、人に気を遣うなんて。

だから、係累はできるだけ少なくしておきたいし、ましてや子供なんて、とんでもない。へたに会社なんか作った人は、おちおち死んでもいられないらしいではないか。

だから、子供の頃は、父親が家族のために仕事をせざるを得ないのだというふうな意味のことを言うと、少なからぬ反発を覚えたのだった。それは、家族の、せいじゃない。

家族のせいのようなフリをしていてあげるのも親孝行、そう思えるようになったのも、やはりそう以前のことではない。普通は、人は、そう強いものではない。人間離れして「強い」のは、どうも私の特殊な資質によるらしいと、気がついたからである。

「人情」がからむ人づきあいが億劫で、その代わりと言うべきなのか、いまでもそうなのだが、子供の頃から、動物のほうがはるかに好きだった。上野や多摩の動物園にはよく通ったし、自宅でもあれこれの動物《ペット》を飼い、死なれては泣いた。

小学校一年の時にやってきた柴犬は、私よりも父親によくなつき、十七年の長寿を全うしたのだが、その犬と父親との「友情」には、尋常ならざるものがあった。

十年以上も前に死んだ愛犬の写真と遺骨を、彼はいまだに書斎に飾っており、「一緒に入るのだ」と言って、聞かない。

お父さん、もういい加減にしなさいよ、細かく砕いて、ふたりでよく行った公園に撒いてあげればいいじゃないの。お寺の人にイヤな顔されるのは、あたしはイヤですから。母親が言っても、頑として、聞かない。「どこまでも、一緒だ」。

「操《みさお》を守る」というのは、まさにああいうのを言うのだろう。以後彼は、決して別の犬を飼おうとしない。「あれは、最高の犬だった」。他の犬を飼った経験がないにもかかわらず、そういうことを言うのである。

なべて、「犬バカ」の心情とは、そういうものだ。私は実家を離れて、大きなコリー犬と十年の暮らしを共にしているが、その愛しいこと、可愛いことったら、「筆舌に尽くし難い」。

しかし、犬好きの犬自慢というのは、そうでない人にとっては、面白くもなんともないものだろうということは、容易に予想できる。おそらくそれは、なによ普通の男じゃないの、そう思いながら聞いているノロケ話と同じはずだ。聞いているうちに、面倒臭くなってくる。だから私は、「いま一番大事にしているものは」と問われれば、ためらわずに「愛犬」と答えるだろうその愛犬の話を、ほとんど書いたことがない。そんな大事な話を、無下に聞き流されるのは、悔しいからである。

「動物の魂」ということを、考える。

日々の暮らし、彼の振舞いを見ていて、これはもうどうしても考えざるを得ない。

ちょっと以前に、「ジャパン・タイムズ」の「余暇」の紙面で、「HAPPINESS IS . . .」のタイトルの下、私と愛犬との大きなツーショットが掲載されたことがある。キャプションに、「Ikeda is often told that the two look alike」（二人は似ているとしばしば言われる）とある。じじつ、よく似ていると、自分でも思う。おそらく、「似てくる」のであろう。

インタビュー記事の大半は、たわいない犬話《いぬばなし》なのだが、一部を引用してみたい。

〈When she was a child, Ikeda's Family had a shiba dog. For her own dog, she chose a collie, which she'd wanted ever since being charmed by Lassie. "I wanted a big dog, I feel that big dogs are easier to communicate with. To me, small ones are more like 'pets' but big ones are like humans wearing a dog suit"〉

この「dog suit」という表現が、私はいたく気に入っていて、以来、「さあ、dog suit のお手入れをしましょうね」と、呼びかけては笑う。

たぶん、その時は何気なく、「ぬいぐるみを着た人みたいなものです」と言ったのだと思う。が、あとで考えると、これは正確さを欠いていた。私は、「あれは、ぬいぐるみを着た魂です」と言うべきだったのだ。「like soul wearing a dog suit」と。

犬とは、犬の服を着た魂である。そして、人間とは、人間の服を着た魂である。

私は、彼と暮らしを共にするようになってから、ごく素直にそのような感じ方をするようになっている。

交流は、決して、「知性」にはよらない。なるほど、彼らの言語理解能力は、他の動物に比べてはるかに高いけれども、しかし、同時にそれは、明白に一方的な行為でもある。「言葉を話す」のは、一方的に人間であって、彼らはたったの一言も話していない。話していないにもかかわらず、正確に「応える」。しかも、溢れんばかりの感情をもって。

言語以前もしくは言語以後の交流は、魂によるとしか考えようがない。言語によらない魂同士の交流とは、言ってみれば、アニミズムである。それぞれの生物は、それぞれの服を着た、同じ自然の〈魂〉である。反省的自己意識の程度に応じて、「個体」という意味的内感がそこに生じるが、それとて、もう一度大きくひっくり返せば、万物照応の宇宙を見るはずである。

大きい犬のほうがいいとはいうものの、やはり大きいものは、小さいものに比べて寿命が短いらしく、十歳のコリー犬も、この夏を迎えて、急に老けたような気がする。若い頃は、一緒に自転車で何時間も走り回ったものを、最近は、よほどゆっくりでないと歩きたがらない。

「疲れましたよ、休みましょうよ」、そう言って（言わないで）、私の顔を見上げる。

あとからやって来て、先にゆく。

これが、彼らと我々との、今生における出会いの定めである。なぜ神は、彼らの寿命を、かくも短く定めたのかと嘆く友人に対して、いや、それでよいのだ、もしこれが二倍であってみろ、その別れの悲しみたるやいかばかりか、と慰めた詩人がいたという。

私の顔を見つめている彼の顔を見つめる。自分のほうからは決して眼をそらさない、不思議な犬である。いつまでもじいっと、私のことを見つめている。黒々とした瞳にかかる長い睫毛も、ずいぶんと白くなっている。

「この魂は、どこから来て、どこへ行くのか」

どうしても、そういう感慨に捉われる。どこからかやって来て、ここで犬の服を着、服を脱ぎ捨てて、またどこかへ行く（のか）、私と彼とのここ、この邂逅とは、なんなのか。

「人間」と「犬」という、互いの服の形についている名前が、全く無意味に感じられる瞬間である。しかしまた、人間に対してよりも、より強くそれを感じるのは、彼らの魂が我々よりずっと純だからに違いない。

子供の時、家では柴犬を飼っていた。が、自分の犬としてコリー犬を選んだのは、「名犬ラッシー」に魅せられていたからである。「大きな犬が欲しかった。その方が気持ちが通じ合うように思う。私にとって小さい犬は、いわゆる「ペット」という感じだけれど、大きいのは犬の服を着た人みたいなものだ」

父親もどうやら、そのへんのことをずっと大事に思っているらしく、十七歳の老犬が、自分の膝のうえで息を引き取った時の様子を、以来、何度も繰り返して語るのである。昨日もまた病室で聞かされた。

うまく死ねずに苦しんでいた彼は、知らぬ間に獣医に注射をされてしまった。

「オーン、オーン、オーン」

と、三度、遠吠えをして、彼は息絶えた。その、

「オーン、オーン、オーン」

を、じつに哀しげな表情で、父は吠えるのである。

「あれは、皆に別れを告げていたのだ」

と、言い張っている。

私も、そう思う。そうでないはずがない。一期一会は、人間同士に限られない。形を変え、立場を変え、永劫の時間の中で、じつは我々は幾度も出会っているのである。

道端で犬を打っている男に、お釈迦様も言ったそうではないか。

「打つな、それはお前の父親だった」

という話をしたら、父は妙な顔をした。

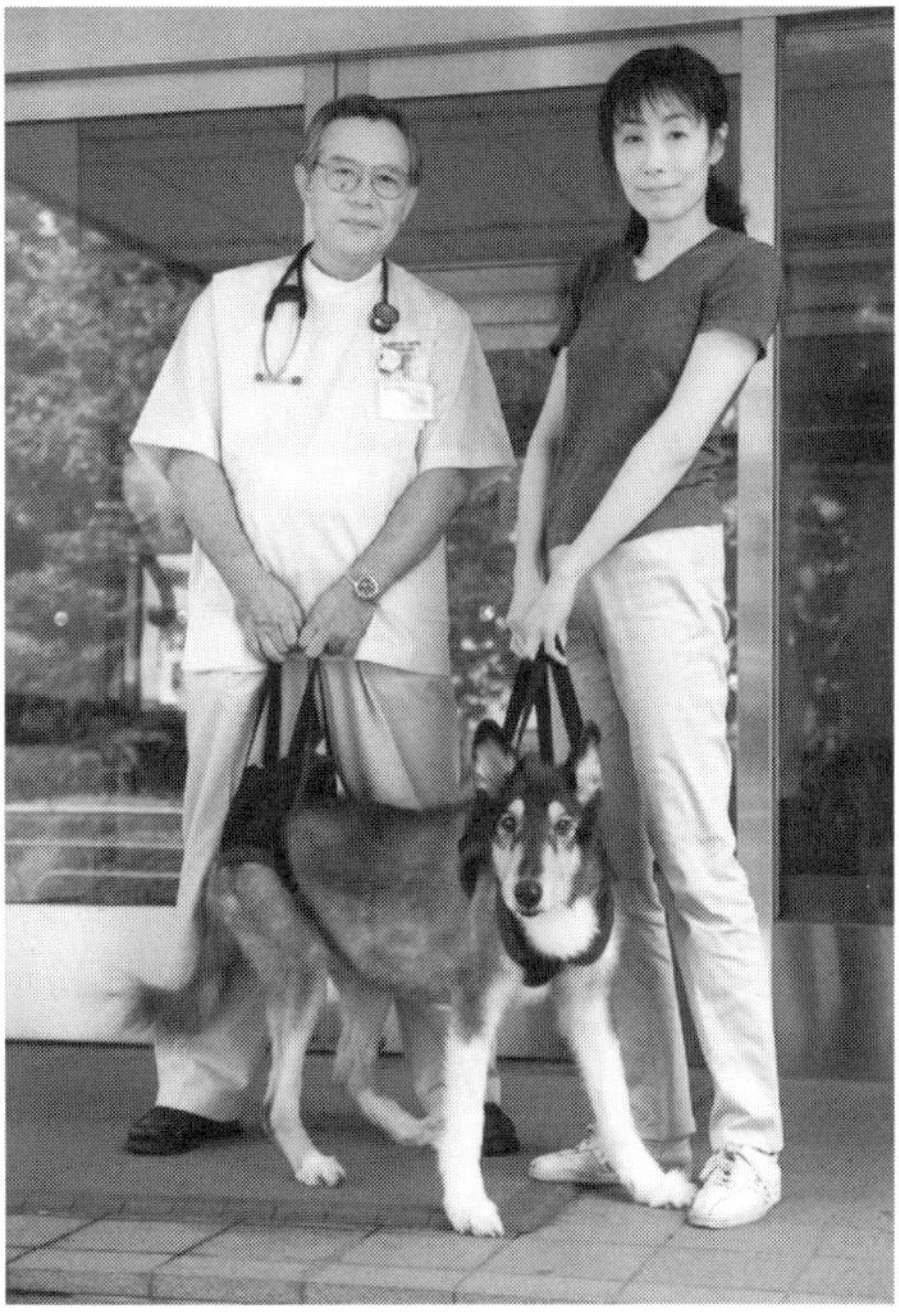

祝 退院！　院長先生とダンディーI

動物のお医者さん

このところ人間の医者についての話が続いたので、今回は動物の医者について考えたい。獣医という職業についてである。

先代の愛犬が十五歳と長命だったため、獣医との付き合いもけっこう長い。しかも、その犬が、たんに長命であっただけでなく、病気とトラブルが極端に多い犬だった。生後すぐに肺炎で死にかかったことから始まって、癲癇、ヘルニア、メニエールに肝炎、下痢が止まらない、湿疹が治らない、やれ蛙を嘗めて発作を起こした、やれ綿棒を飲んでウンチが詰まった、そのつど私は獣医に駆け込むか、往診に来てもらう。

飼っている人は御存知と思うが、犬の投薬料は体重換算である。保険のきかない動物医療はただでさえ高い。なのに、十キロの犬が一万円のところ、三十キロの犬は三万円なのである。毎日の点滴、数週間の入院となると、財布の底が完全に抜けることになる。

その医院では、私の犬のカルテの厚さがダントツだったそうだ。冗談でなく、マンションのひとつも買えたんじゃないか。計算すると泣きたくなるから、計算したことはないけれど、それにつけて思うのは、獣医という職業の不思議である。

なにしろ、このお医者さんの場合、患者さんたちが文句を言わない。医療ミスで訴えを起こすなんてことがない。患者さんの代わりの飼主さんも、我が犬《こ》可愛いさで治療費を注ぎ込むけれど、ダメならまあ手は尽くしたと、黙って諦めるものである。じっさい私の犬の場合、手に負えないと回された大学病院で病名が判明したことが何度もあった。確かに親身にやってはくれたが、そうやって見るところ、町の獣医の誤診率は何割か。それでもやってゆけるのだから、今度やるとしたら、あれだな。

とそんなふうに思う一方で、やはり「本物の」獣医さんの姿も見るわけである。何度も通っているうちに、大学附属の動物病院の院長と懇意になった。この人、人間の医者と同じ医者の厚みを持った人である。しかも、人間の医者にはない種類の、えもいわれぬ含羞がある。あの含羞は何なのだろうと、私は犬を車に積んで帰る道すがら、よく考える。

患者さん（そこでは正式には患畜さんと呼ばれている）たちが文句を言わないということは、自ら病状を訴えないということだ。口をきかないが、しかし苦しんでいる動物たちの、どこが具合が悪いのか。どうして欲しいのか。それを見究めるのは、その意味で人間よりも難しい。できる限り治してあげたいが、ダメならやはり仕方ない。「しょせん」動物だからとは思いたくない。しかし「しょせん」動物ではないかと、世間では思われている。

飼主たちは必死である。何とかこの犬《こ》を治して下さい。ペットブーム、ペットの長寿化に対応して、その病院ではＭＲＩに加えて放射線施設も導入した。扱うのは人間の放射線技師である。動物医療も人間並みに高度先進化しつつある。が、その一方で、それらの進歩を支えるために、たくさんの実験動物が殺される。一方を生かすために、一方を殺すわけである。これが人間の医療ではあり得ない。人の命は一律に必ず生かされるべきものとしてある。わかりやすい。しかし動物医療にはそれがない。生かすか殺すかは恣意と偶然、まるで曖昧なのである。いくらかかっても治してほしいと頼む人がいる一方で、ちょっと病気になったからと、安楽死させてくれと来る人もいるわけだ。犬なら犬で、同じ犬である。獣医たちは、そこのところ、どう気持のバランスをとっているのだろう。動物が好きでなった職業だろう。分裂したりはしないのだろうか。やっぱり私にはできそうもない。

命には軽重はないなんてのは嘘である。命には軽重があると、実は誰もが思っている。が、それを自覚化したくないのである。その軽重には根拠がないことが、わかっているからである。自覚的に命を扱う人、その軽重を無根拠に決めなければならない人が、含羞の人になるのは、わかるような気がする。

Ⅲ ウソついちゃやだよ

by Akiko IKEDA

嘘つきって何？

動物は嘘をつかないから好き、と、動物好きの人からその理由を聞くことが多い。言わんとすることはよくわかる。が、ちょっと考えると、この言い方は変だと気がつく。動物は、嘘をつかないのではなくて、嘘をつけないのである。ひょっとしたら、嘘をつきたいと思うこともあるのかもしれない。しかし、彼らには嘘をつくことはできない。なぜか。彼らは言葉を話さない。言語を所有していないのだから、動物が嘘をつかないのは当然なのである。

人間は、言葉を話す唯一の動物である。人間とは言語的動物であるというのが、私の定義である。人間は、言葉を手に入れた瞬間に、嘘をつくことを覚えた。言葉の機能とは、ある意味で、嘘をつくことにあると言ってもいい。実際には存在しない物も、その名を言えば、それは存在する物として通用することになる。「水をください」と言うために、実際の水は必要ないのである。

小説や物語などは、言葉のこの嘘をつく機能を、自覚的に使用するもので、実際にはありもしない話も、うまく語れば、まるで本当であるかのように人には読まれる。いわゆる「文学的真実」とはこのことで、嘘によってこそ真実は語られるというわけだ。

作家でなくとも、我々が日常普通に話をするということは、自覚的にせよ無自覚的にせよ、絶え間なく嘘をついているということなのである。実際にはそうではないことを、そうであるかのように語ってみたり、本当はそうとは思っていないことを、本当にそう思っているかのように語ってみたり、人が語るとは、まさしくそういうことではないか。「語る」とは、「騙《かた》る」に他ならないのである。

ここに、言葉とは別に「本心」というものがあるという勘違いが成立することになる。言葉は嘘をつき、人を騙《だま》すために便利な道具である。しょせんは言葉、本心は他人にはわかるまいというわけだ。

そんなことは大嘘である。人は、言うこととすることの違う者を信用しない。言行不一致の者を決して信用しないのは、その行ないを見て、嘘つきだとわかるからである。したがって、嘘をつくことで騙されているのは、じつは他人ではない。嘘をついている当の本人である。自分が語る言葉に、自分で騙されているのである。さてでは我々は、どうすれば真実の言葉を語ることができるのだろうか。

言葉と約束

なるほど、ある意味では、この世の中は約束事で成り立っていますが、それは、この世の中が、言葉で成り立っているからに他なりません。約束とは、すなわち、言葉なのです。このことは、ちょっと考えてみていいことだと思います。

約束とは、すなわち、言葉です。言葉がなければ、人は約束というものをすることができない。約束とは、言葉によって為されるものだということは、当たり前のことのようですが、根源的なことであって、端的にそれは、人間が言語的動物であるということを示しています。言葉を持つということこそが、人間を人間たらしめているもの、他の動物とは違うものにしている当のものです。

話はそれますが、人間は他の動物とも約束をすることはできますが、これはまさに言語というものがそういう機能を持っていることの証拠です。たとえば、飼い犬に、「吠《ほ》えてはいけません。約束ね」と教えると、犬はその通りに従うでしょう。彼がこの言葉を理解して、人間と彼との間に約束が成立するということは、彼の側がこの言語規則に参加してきたということであって、その意味では、人間と動物との間には、本質的な差異はない。これをさらに言うと、人間が言葉を所有しているのではなくて、言葉が、これを理解する者たちを所有しているということになる。じつに不思議なことです。

さて、他の動物との間ですら約束は成立するのに、人間同士の間ですら、いや人間同士の間だからこそなのでしょうか、約束は成立しないことがある。約束は守るもの、守られるものだという前提と信頼があるからこそ、約束は成立するのですが、この前提と信頼が裏切られることがある。このことに腹を立てる前に、そもそもなぜ人は、約束というものを信頼しているのかを、考えてみましょう。

ひょっとしたら、この人は約束を守らないかもしれないと思われる相手と約束をすることも、人にはあるでしょう。このことは、人は、相手を信頼しているのではなくて、約束の側を信頼しているということを示しています。相手のことは信頼できないのに、約束は信頼できるということがなぜ可能かというと、人が、言葉というものを信頼しているからに他なりません。言葉が言っていることは、必ず相手に伝わっているという、このことに対する信頼があるのです。そうでなければ、約束などというものが、そもそも成立するはずがない。

しかし、これは裏を返せば、だからこそ嘘の約束をすることもできるということになる。本当は愛していないのに、「愛しているよ」と言うということは、「愛しているよ」というその言葉が言っていることは、相手に伝わっていると信じているからこそ可能なことでしょう。まったくのところ、言葉というものは、不思議にして厄介《やっかい》なもので、本当のことを言うからこそ、嘘をつくこともできる。ある意味では、言葉というものの最大の機能は、嘘をつくことにあると言ってもいい。たとえば、小説や物語といったものなど、その最たるものだと言えば、よくわかると思います。

けれども、これもまた裏を返せば、よくできた小説や物語を読むときは、誰もあれを嘘だと思っていませんね。何か深い真実がそこにはあると、感じているものです。言葉が、嘘によって真実を示すことができるというのも、また真実であって、人はやはり、言葉というものへの信頼を失うことはできない。まさしく人間とは言語的動物です。

言葉によって為される約束というものの、最も社会的な形になったものが、法律というものでしょう。たくさんの、べしとべからずが、言語によって列挙されている。法律は法律なのだから、これらが私たちの深いところの真実に触れているということはない。なるほど「人を殺してはいけない」とは、書いてある。これは人間社会の約束だ。しかし、なぜ人を殺してはいけないのか。この問いに対する答えは、各人が自身で自身に問いかけて、手に入れるしかない。

よくよく考えてみれば、いや考えれば考えるほど、この問いに対する絶対的な答えなどないように思われる。しかし、さらによく考えるなら、人は必ず見出すはずだ。つまり、善と悪という言葉を、私たちすべてが自身の辞書にまぎれもなく所有しているという事実です。人類が言葉との間で交わしてきた約束とは、このことに尽きると、私には思われるのです。

今さらの人間中心主義

チンパンジーに似た類人猿、ボノボの学習記録を、NHKでやっていた。ずっと以前、そのシリーズの最初のものを観た時には、それなりに面白かったので、とても期待して観たのだが、どういうわけか、あまり面白くなかった。というより正確には、もはや面白いとは感じられなくなったのだ。どうしてだろう。そのことの意味を、考えてみたい。

以前には、ボノボがキーボードに描かれた図形を使って、人間と「会話」する、その光景を見て、ああやっぱりできるものなんだな、そのことが素朴に面白かったのだが、今回、その学習能力を一段と進歩させ、人の「内心」を理解し、そのことを言語化したり、自分の要求を直に筆記したりする様子を見ても、驚きも覚えなかったし、とくに感心もしなかった。逆に、何かが物足りない。そんなことは、できて当たり前じゃないか。

猿が人間の言語を理解するのは当たり前だと感じるのは、彼らの「知能」が高いから当たり前だということではない。そうではなくて、人間が教えた人間の言語を、教えたように理解するのはきわめて当たり前なことだということである。それなら、人間の子供と同じじゃないか。

人間の子供ではなくて、猿がそれをするから驚きなのだというのなら、人間と猿とは同じではなくて、しかも人間は猿よりも優れているという暗黙の前提がそこにはある。まさしく、番組のタイトルは、「天才ザルが見せた驚異の記録」であったが、しかし猿を指して天才と言えるほど、われわれの何が優れているというのだろう。そのような言い方をする人ほど、人間の「人間中心主義」を批判することが多いが、じつは事態は逆である。人間は人間の言語を使用しているだけで、そのことの何が優れているわけでもない。

じっさい、私は自分が犬と暮らしているためか、猿の言語理解能力にはさほど驚かないのである。犬たちだって、手指があれば、あれくらいのことはできる。そのことは私は実感でわかる。確かに、話すのは一方的にわれわれの側で、彼らは一言たりとも話してはいないけれども、そこに「会話」が成立していることは、共につつがなく生活できていることで明らかである。言語を共有する、言語ゲームの参加者であるというまさにその理由によって、人間や猿や犬という区別には、まったく意味がなくなるのだ。あるのは、見た目の違いだけ、着ている皮の形だけだ。

言語の視点から世界を見ると、世界は確かにこんなふうに見える。全部が同一平面でつながって、境い目がなくなるのである。当然、「人間」という呼称自体も、じつは無意味であると気がつく。「人間」とは、言語による呼称に他ならないからである。「人間」などいない。言語が動いているだけだ。今さら「人間中心主義」とは何のことやら。

番組が物足りなかったのは、そのような隠された「人間中心主義」や、反省を経ていない言語観によるようである。人間が理解することを、人間が理解する仕方で教えて、人間が理解することを理解したというのは、当たり前のことである。この時確かめられたのは、じつはボノボの能力ではなく、当の人間の能力であるにすぎない。われわれは、あくまでも、自分のわかることを自分のわかる仕方でわかっているだけなのだ。逆から言えば、自分にわかりようのないことは、どこまでもわかりようがないということだ。したがって、われわれは、ボノボのことなど、じつは何ひとつわかってはいない。

番組には考古学者も登場して、ボノボの石器作りから、石器時代の起源が理解できるとも語っていたが、やっぱりこれも逆である。ボノボが作ったのと同じような石器を、それとして地層の中に求めるのなら、それは自分の理解をそこに見出しているだけである。石器に似た形の石など、自然界にゴマンとあるからだ。

考古学者や動物学者だけでなく、もし哲学者がそこにいたなら、このような視点を提供したはずである。すなわち、存在を認識するとは、何を認識することなのか。（われわれは）そのものをそのものとして、認識していることになっているのか。

たとえば、ボノボがボノボの言語によって、ボノボの認識を人間に教えようとしたなら、どうだろう。人間には決して認識できない、ボノボの認識というのがあるはずだからである。しかし、仮に人間がそれを理解したと思ったとして、それは、人間の理解によるボノボの認識ではなく、ボノボの認識そのものを理解したことになっているのだろうか。

人間の言語を学んだボノボが、野生の群れに帰った時、どのようにその言語を学ぶのか、これを考えてみると面白い。言ってみれば帰国子女だが、人間の外国語同士よりもその懸隔《けんかく》は深いだろう。もし彼がその懸隔を架橋して、無事に「通訳」になりおおせたなら、これは相当画期的なことである。生物史上初の、異種間での会話が成立するわけだが、言うまでもなく、やはりこれも不可能である。新たな言語ゲームがそれとして成立する限り、異種はもはや異種ではなく、お互いにわかることをわかる仕方でわかっているだけだからである。お互いにわからなかったことは、やはり永遠にわからなかったままだからである。

ずいぶん意地悪みたいである。しかし、異なる生物の「未知なる潜在能力」を、人間の言語の枠にはめ、それを「天才」と呼んで喜ぶようなある種の傲慢に、釘を刺してみたかった。人類が進化の系統樹のてっぺんにいるという考え方は、両刃の剣である。もし本当にそうならば、異なる生物に対する想像力が、いかに単純なものではないかということに気がつくはずだ。

犬と人

管理人が猫を飼っているようなアパートである。老朽化が激しく、住んでいる方々も同じくらいの御老体が多く、したがって、皆さん鷹揚で、犬やら猫やらが跋扈している。

で、私も犬を飼った。正確には、犬を飼いたい一心で、このおんぼろアパートを探し当てたのだが、念願の大型犬と、狭い室内で無理矢理暮らし始めて、それでも八年になる。

かわいいの、なんの

もう、めろめろ

子供の頃、実家では柴犬を飼っていた。これは非常に丈夫で長命で、十八歳まで生きたのだが、まさしく日本犬で、忠実なのだが気性が荒く、私としてはもうひとつ面白くなかった。

私は、本当は、コリー犬が欲しかったのだ。どうしてもコリー犬を飼いたかったのだ。どうしてかというと、テレビドラマの「名犬ラッシー」を観てしまってから、人間の伴侶とはコリー犬のことしか言わないと、深く思い込んでしまったからである。

あんな大きな犬の世話はお前にはできまい、と言わばダマされて柴犬をあてがわれたのだったが、大きかろうが小さかろうが、子供が取り合ってまで世話しようとするのはしょせん仔犬のうちだけで、散歩はやがて親たちの日課になった。私はテレビのラッシーばかりに見とれていた。

積年の夢がかなって、「ラッシー」が来た。明朗さ、繊細さ、賢さ、素直さ、デリカシー、思った通りにコリー犬は申し分なかった。彼があのように申し分ない犬に育ったのは、私の育て方が申し分なかったのが半分、あとの半分は、犬好き以外には決してわかるまい、ただの犬バカである。

犬好きでない人が聞く犬談義は、相当に退屈なものではなかろうか。

さすがにそれはわかるのだが、私は自分がどうしてこんなに犬好きなのだか、それがわからない。言うまでもなく、自分の犬が一番可愛い。それはどの犬好きもそうである。私は子供がないのでわからないが、おそらく人が自分の子供を一番可愛いと思うのとは、やはり違うのではなかろうか。なぜなら、あの犬は私が産んだわけではなく、かつ、あれは人ではなくて犬だからである。どうして人は犬を可愛いと思うのだろう。そしてまた、どうして犬は人でなければだめなのだろう。

数万年来の伴侶だから、という説明では納得できない。助け合って生きていたのは数万年前だけの話で、今日び犬たちは、見事になんの役にも立たない。ほんとに、見事に、なんにもしない。愛でられることだけが、彼らの仕事である。だから、なぜ彼らはかくも愛でられるのか、その説明にはやはりならない。私は思うのだが、例によってメタフィジカルな推論なのだが、「魂の同質性」、それを人は犬に、犬は人に、感じ合っているのではなかろうか。

無茶苦茶な論法なので、あまり真面目に考え込まないで頂きたいのだが、犬好きに対して猫好きというのがいる。私は断然犬のほうが好きで、なぜかというと、自分が犬型の人間だからではないかと思う。誠実で、ひたむきで、わがままでなく、気配りが細やかで、自分を客観的に見る目をもっている。私は猫型の人が嫌いである。気まぐれで、情がなく、自分はわがままである権利があるとなんの根拠もなく思い込んでいる。あれは猫だから許されるのであって、人間があれをやるのは許されない。それで――どうして「それで」なのだか――私には断然犬のほうが好ましい。犬型の私は、犬たちに自身の魂と同質のものを感じ、友情を抱かずにはいられないのだ。

しかも、ここが重要なところなのだが、彼らは、決して、口をきかない。あれで彼らが口をきき、言葉をしゃべったなら、彼らはここまで我々に愛されることはなかったはずだ。それはまず間違いない。

口をきく　人間たちの　憎らしさ

犬はウソをつかないから好き、という説明の仕方をする人もいるが、これもかなり妙な論法である。なぜなら、犬がウソをつかないのは、言葉をしゃべらないからに他ならないからであって、言葉なしにウソなど、そも、つきようがないからである。これはじつは、例のヴィトゲンシュタインの「言語ゲーム」の問題で、彼は、「犬は悲しむことはできる。しかし、悲しんでいるふりはなぜできないのか」といった例によって変てこな断片で、鋭い考えをたくさん提起している。

発声器官がそのようでさえあれば、犬たちは必ずや言葉をしゃべったはずだ。もちろん、「人間の」言葉をだ。私の「ラッシー」の言語習得能力を見ていて、これは疑い得ない。物の名前は二回で覚える。「雨だからお散歩に行けないよ」「すぐ帰るから待っててね」程度のセンテンスの理解も早い。時制もかなりわかる。「きのう行ったね」「あとで行こうね」「あした連れて行くからね」の違いを了解している。つまり、「きのう」については、もはや喜ばず、「あとで」と言えば、そわそわし出し、「あした」と言うと、軽く尾を振る。そして翌朝は普段以上の喜びで迎えに来るのだ。私は彼の賢さに味をしめて、カレンダーを使って月日の概念を教えようとしたが、さすがにこれには無理があった。

私には彼の「考えて」いることが、はっきりと「わかる」。彼と私とは間違いなく同質の魂をもっているからだ。わからないのは、彼は明らかに私の言葉をわかるのだが、彼が言葉でもって「考えて」いるのかどうか、これが、どうしてもわからない。どうなのだろう、彼らは、我々が心中で言葉を呟くように、その心中で、ぶつぶつ何事かをひとりごちているのだろうか、どうなのだろうか。

教育と飼育

犬の躾け方には自信がある。ひたすらに愛することである。

感受性だけで存在している彼らは、愛をもって叱られているかどうか、はっきりとわかっている。

人間の子供だって、そうではないのか。

「愛しているから、叱るのよ」

こんなのは大ウソである。何事かを正当化するための理由になり得るような愛は、愛ではない。「そんなことはない。私は子供を愛している」、母親たちは言うだろう。しかし、感情の集中と愛情とは、明らかに違うことだ。犬と子供には敏感にわかる、「この人は、自分のためにボクを愛している」。

とはいえ、「いけないからいけない」と、「自分が嫌だからいけない」の違いを認識しつつ叱れるくらいなら、自分が嫌だからいけないと感情的に叱るということなど、あり得ないはずなのだが、これがなかなか難しい。

私のおりこうな「ラッシー」も、仔犬の頃は仔犬らしくいたずらで、テーブルの足をむいたり、カーテンを裂いたり、ゴミ箱をぶちまけたりくらいのことは、よくやっていた。私はそれらの行為を愛らしいと思いこそすれ、嫌だとは感じなかったので、とくに叱りもせず、そのつど直したり片付けたりしていた。が、あるとき、床に置いてあるドライフラワーの大きなバスケットと取っ組み合って、あのカラカラの花びらの一枚一枚をていねいにはがし始めている現場に出くわして、ちょっと当惑したのだった。これは、少々、迷惑だ。迷惑は迷惑なのだけれど、それ自体がとくに「嫌だ」という感じではやはりない。片付ければすむことだし、なければないでもすむものだし。

一瞬の反省のうちに、私は自分の感情が少しも怒っていないことを確認した。けれども、この種の行為を今後も続けて黙認すると、きりがなくなる。それで私は、ここはひとつきちんと叱ることにしようと決めた。決めて、さあ叱ろうと構えて、はたと私は困惑した。「いけない」と言うための、正当な理由がない。バスケットのドライフラワーをむしるのは、なぜ、「いけない」ことなのか。

私は、彼がその正しさを納得できるだけの理由を見つけることができなかった。なぜなら、彼は、そのことが楽しいからそうしているのだし、それはそれで一種の創造的な気分なのかもしれないし、その物品が私にとっては壊されては困るような何がしか価値的なものとははじめから知らないからだ。嬉々としてその創造的破壊活動に熱中している彼を眺めながら、私は考え込んでしまった。

　そして、ああそういうことだったか、と思い当たった。これは、「いけないからいけない」ことなのだ。「いけない」ことに理由なんかないのだ。社会のルールがルールであることにはいかなる理由もないのと同じことだったのだ。なぜ車は左側を走らなければ「いけない」か。それは、それを守らない人は、皆の迷惑となるからである。で、私は、怒ってもいないのに叱ろうと決めた以上、めいっぱい睨みつけて、大きく声を荒らげて一喝したのだ。

「こらあ、いけない！」

　この瞬間の彼の表情を、私ははっきりと覚えている。彼は、縮み上がって後ずさりして、私を見上げた。その顔には、

「わからない」

と書いてあった。彼は、明らかに、「わからない」「なぜいけないのかがわからない」という顔をした。

　わからないのは当たり前なのだ。私にだってわからないのだもの、車が左側を走らなければいけない理由など。ただそれは、「いけないからいけない」ことなのであって、世のルールとはそういうことなのであって、世の皆が仲良く共存するということは、要するに、そういうことなのだ。極端なところでは、人の物を盗っては「いけない」理由、さらには人を殺しては

「いけない」理由など、ほんとのところは、全然ないのである。人を殺すことがなぜ「いけない」ことなのか、誰も論理的には答えられないのである。でも、それは、「いけない」。

というわけで、ルールを守らない子供を叱るときは、決して、怒ってはならない。感情ではなく愛情が必要なわけで、体罰なんてとんでもない話だ。私は私の「ラッシー」に体罰を与えたことなど一度としてない。だからこそ、彼はかくもおりこうな犬になったのだ。言葉をもたない犬でさえ、言葉だけで十分教育し得るのに、互いに言葉をもっている人間同士でなぜ体罰が必要か。「愛のムチ」、そんなものはない。それは飼育だ、教育ではない。打たれて「わかる」のは、自分のうちに芽生えた憎しみという感情だけのはずだ。

愛犬と犬猿

犬話その三。犬好きでない向きは、御容赦。

私は、犬を躾けることにかけては絶大の自信があるが、連れている犬の躾けのできてない人を見るにつけ、躾けが必要なのは、まず飼主のほうなのだと思う。

あれはみっともないものです、連れている犬にナメられている飼主は。

「名犬ラッシー」によるコリー犬のブームは三十数年前に終わったらしいが、バブルの象徴としてのシベリアン・ハスキーに続いて、ステイタスとしてのゴールデン・レトリバーと、このところ大型犬の人気が高い。

これはあくまで好みだけれども、私は、伴侶としての愛犬はやっぱり大きくあるべきと思っていて、小さい犬も、もちろん可愛いには可愛いけれども、どうしても「ペット」「愛玩用」という感じがしてしまう。「友情」の抱き方がわからない。大きい犬には、明らかに「人格」がある。間の取り方とか、含羞とか、反省する自意識と呼べるものが確実にあって、時々、こんなに上等な人格を犬にしておくのは惜しいと切に思う。サルとしか呼べないような人間が、人間社会にはたくさんいますものね。

といっても、すべての大型犬必ずしも賢ならず。シベリアン・ハスキーは美しい犬だけれども、野生の血が強くて、とても気が荒く、躾けるのも難しいらしい。バブルの頃、得意げに連れて歩いている人がたくさんいた。でも正確には、連れて歩いているのではなくて、連れられて歩かされているようだった。犬同士の出合いがしらの喧嘩が始まると、飼主は押さえられずにおろおろするばかり、喧嘩が恐くて次第に犬の集まりには加わらなくなる。それでいよいよその犬は、協調性がなくなる。あれでは楽しいはずの散歩が、ちっとも楽しくないのではなかろうか。つい先日まであれだけいたハスキーを、最近めっきり見かけなくなったのだが、どこに消えてしまったのだろう、ずっと気にかかっている。

ゴールデン・レトリバーもそう。とても頭のいい犬で、悔やしいけど、よく躾けられたゴールデンを見ると、ひょっとしたらコリーよりも知能程度は高いかな、と認めざるを得ない時もある。でも、ゴールデンのとくにオスは、性格に暗いところがあるというか、なにかこう狡いものがあるのを感じる。そのうえ、なにせマッチョだから、きちんと躾けておかないと、とても恐い犬だ。私の犬は、背後からいきなり襲われたことがある。

私の「ラッシー」は、自分から喧嘩をしかけたことなど一度としてない。悪意を向けられると、「いやだなあ」という顔をして、よけて通る。できた犬だ。この点ばかりは、飼主のほうが倣うべきである。

「おとなしいですね」「おりこうですね」、他の飼主に褒められると、私は鼻タカダカ、「訓練所に入れたのですか?」「いいえ、私が躾けました」、答えるときの誇らしさ。コンパニオンシップである。信頼関係である。私たちの顔がよく似ていると、最近言われることが多いのだが、いよいよ、その域か。

散歩の楽しみのひとつに、他の犬と飼主たちとの交流がある。飼主たちとは他愛ない犬の話しかしないけれども、大小いろいろ、色とりどりの犬たちが、元気よく走り回るのを見ている楽しさ。

ところがある時期、皆の集まるその公園に、これもまあじつによく似たふたり連れ、巨大なボルゾイを連れた、ひどくケンのある顔立ちの女が、しゃなりしゃなりと出はべるようになった。「見栄で連れている」というのが一見して明らかで、見せびらかしたいがために集まりにやって来る。この犬が見事に躾けられていない。当たり前だ、飼主があああなのだもの。躾けてないから、放せない。他の犬が寄ってゆくと立ち上がって怒る。立ち上がると人の背より高い。とても、危ない。皆、自分の犬を安心して放せなくなった。「困るわねえ」。「きちんと躾けてください」、誰も言わないので私は一度申し入れたのだが、「あら、放されても結構ですのよ」。以来、私と彼女は犬猿の仲となった。

ある時は、誰かの犬を噛んだらしく、おしおきのつもりなのか、あのワニのように長い口吻に口輪をはめて、手には短かいムチをもって、それでも懲りずに現われる。恥さらし。サーカスじゃあるまいし。自分の犬を躾けられないということが、とても恥ずかしいことであると、わからない。

しかし、悪は滅び、正義は勝つ、という私の信念にやはり間違いはなかった。ある日、見かけないこれも巨大なオスのゴールデンが、集まりに混じっているのに私は気づいた。挙動がもうひとつ信用できないので、私は自分の犬を近付けなかった、「あの子はダメだよ」。そして、いつも通りに広場のまん中にしゃなりと立っているボルゾイ犬とボルゾイ女の背後に、その犬がそろりそろりと忍び寄って行くのを私はじっと目で追っていた、「そうだ、行け行け」。待ちに待ったる、バトル・ロワイヤル。ゴールデンがボルゾイに襲いかかる、ふいをつかれたボルゾイは恐ろしい唸り声とともに立ち上がる。立ち上がった勢いで、いつも用心して短かく握っていた引き綱に引かれた彼女が、気持ちいいほど盛大に、あおむけにひっくり返った、広場の皆が取り巻いて見ているその真中で。ゲシュタルト崩壊を起こした彼女は、何事か叫びながら、自分の犬をムチで打っていたが、あんな巨大な犬が「キャインキャイン」とか細い声で泣くのを私は初めて聞いた。

その後、ふたりは広場に来なくなったが、風の噂では、「保健所にくれてやった」とか。可哀そうなのはいつも、飼主を選ぶことのできない犬たちのほうなのだ。

人が犬を飼い始めるに際して、飼主の資格を問うような何か審査はできないものか。

嫌犬と犬権

　と、いうわけで、犬と犬、犬と人、人と人とが幸せに共生できる社会は、いかにして可能か。

世に「犬好き」という一群が存在するのに対して、「犬嫌い」という一群が確かに存在している。どちらにも属さない人には、その確執は気づかれないと思うが、この両派の互いに疎んじ合うこと、文字通り犬猿の仲である。

　朝な夕なの犬の散歩を長年の日課にしていると、向こうから歩いてくる人が、犬好きか犬嫌いか、嗅覚でわかるようになる。私が、である、念のため。いやおそらく、このとき人は、犬の鼻と犬の目とをもつことになるのだろう。なぜなら、あれは犬嫌いだと直感的にわかる人の挙動と顔付きというのが、不思議と皆、猿に似ているからである。こういうことを言うからますます嫌われるということもまた、よくわかっているのだが。

　ちょっと見に恐ろしげに見えるのらしい大きな犬と歩いているから、一段とそのことに敏感になったのだと思う。私にはそれがどうしても理解できないのだが、彼らは犬のことが、嫌いなのだ。以前噛まれたことがあるという理由があるにせよないにせよ、とにかく彼らは犬が嫌いで、したがって、自分の嫌いなそんなものを好んで連れている人のことも、同じように嫌いなのだ。しかしこれは別のことではないのか。

あるとき、向こうから歩いてくる中年の女性が、私と私の犬を見て、こちらにわかるように明らさまに不快の念を表わしてみせた。そんなの、わざわざ見せてくれなくたって、私にはちゃんとわかっていたのだ、だってその人はある種の類人猿にとてもよく似ていたのだもの。すれ違うときは道を譲ろうと思っていたのに、癪にさわったから、私たちはかまわずずんずん近付いて行った。そしたら彼女は、大きな手振りで追い払う仕草をしながら、こう言った、「あたしは犬が嫌いだから、あっちへ行って」。だから私も、その手振りの真似をしながらこう言ったのだ、「私は犬が嫌いな人が嫌いだから、あっちへ行ってください」。

大人げのない

と思わなくもない。でも、理屈としてならこういうことではないか。人にはそれぞれ自分の嫌いなものがある。嫌いなものは嫌だから自分の前からなくなるべきだ。これでは社会は成立しない。だってこれは冗談ではなく、あのオバさんは犬を恐がりそうだなとわかるその同じぶんだけ、私はそのオバさんが恐いのだもの。道で会うと逃げたくなるのだもの。

不自然だと思うのは、それを好きな人の側が我慢をして、それを嫌いな人の側に譲らなければならないという暗黙の構造にこの社会がなっているということだ。嫌煙権とか嫌犬権とか、「嫌」を「権」と主張して通ってしまうところに、社会総体としての未成熟がある。違った者同士が一緒に居られるのが社会というもののはずなのだから。

集合住宅で犬を飼ってはならないという規則など、社会性が後進国であることのひとつの証左ではないか。犬はきちんと躾ければ、決して迷惑な生き物ではない。「迷惑」と「嫌」とは違うことだ。犬が迷惑となるとするなら、飼主が自分の犬も躾けられない迷惑な人だからで、問題は人にあって、犬にはない。人が未熟な社会では、人は犬を飼うことができない。これは恥ずべきことではあれ、規約にすべきことではない。

犬嫌いの天下にあって、世の犬好きは連帯すべきではないのか。

しかし、これはこれでまた難しいのだ。自分の犬以外の犬は嫌いだ、こういう犬好きがけっこういる。ちょっと偏見だけど、愛玩犬ていうんですか、頭にリボンつけたりしている小さい抱き犬、あれを連れている人に多いように思う。私の連れが、ちょっと見に恐ろしげに見えるのらしい大きな犬なので、そういう態度にわりとよく遭う。私と私の犬とを、「ケダモノ」という目で見て、慌てて抱き上げ逃げてゆく。

失敬な

私たちは憮然とする。躾けられた犬同士は、大きくても小さくても喧嘩をしない、そのように示すこともまた、犬嫌いの人々へのアピールのひとつでもあるというのに。いや、喧嘩をしたって、ほんとはべつにかまわないのだ。彼らは、仔犬の頃からのそのような付き合いを通して、彼らなりの付き合いのルールを学んでゆくのだ。犬は社会性の動物である。我らとまったく同じである。社会性を学ぶ機会を与えられないまま大人になった犬もしくは人は、どのように迷惑か。

都内では、犬を放して遊ばせられる公園がいよいよ少なくなってきた。大きな声では言えないけれど、犬を放して遊ぶのはじつは、管理人との鬼ごっこという遊びでもあるのだ。じつに不毛である。犬と人とに広場《アゴラ》を与えよ。「他の人の迷惑になる」、これが建て前上の理由だが、別の事情があるのではないか。よく躾けられた犬たちが楽しげに遊んでいるのを、通りがかりの人は立ち止まって眺めこそすれ、苦情を言いはしない。それがどのような種類の迷惑でもないからだ。たぶんと私は思うのだが、自分の犬を躾けなかったために放せない飼主が、これを羨んで告げるのではないか、「迷惑である」と。

犬同士以前に犬好き同士が唸り合ってどうする。犬嫌いが喜ぶだけだ、「それ見たことか」。我らの肩身は狭くなるばかりではないか。大きな視野をもちましょう、犬好きの皆さん、そして犬嫌いの皆さんも。人と人との共生関係の範ともなるべき、人と犬との共生関係を、まず築いてみようではないですか。

ウィトゲンシュタイン　考えるな、見よ

ウィトゲンシュタインという人は、ほんとうに変な人だと、つくづく感じる。ありきたりの言葉で呟かれる「変な考え」が、そこにはいっぱい詰まっている。（彼の書物を読んだ晩、私は夢の中で声を上げて笑う。）彼の変わり方に比べれば、ニーチェもハイデガーもまるで「普通の人」に見える。ウィトゲンシュタインは、何かが、人間ではない。彼には人間の体温がない。といって、ぎちぎちの論理哲学の無機質の印象なのではなく、言わば変温動物か両生類が持っている妙に親密な生々しさ《リアリティ》がある。論理と日常の間《はざま》を、頭をひねりながら飽かず行きつ戻りつするこの永遠の青年は、いったい何を「して」いたのか。「考えて」いたという言い方は、少し違うと感じられる。

（中略）

今日あまたのウィトゲンシュタイン研究の煩雑さは、往時席巻したヘーゲル解釈の馬鹿らしさとは性質が違う。ヘーゲル哲学には解釈の余地がないが、ウィトゲンシュタインの著作は、各人によってさらに研究展開されるべき（悩める）断章群で成り立っているからだ。それは、

たくさんの計算の宿題をもらって帰って、懸命に解いている子供たちの姿に似ている。さて、私はどうしようか。

犬と一緒に暮らしていると、あれっ、と位相をスリップする経験が多い。『探究』その第二部は、こんな断章から始められる。

〈人は、ある動物が怒り、恐れ、悲しみ、喜び、驚いているのを想像することができる。だが望んでいるの（を想像すること）は？　では、なぜできないのか。

犬は、自分の主人が戸口にいると信じている。だが、犬は自分の主人が明後日やってくると信ずることもできるのか。——では、何を犬はすることができないのか。私はこれをいったいどうするのか。——私はこれに対してどう答えるべきなのか。

話すことのできる者だけが、望むことができるのか。一つの言語の適用に通じている者だけが。すなわち、望むという現象は、この錯綜した生活形式の様態なのである。〉

「人間と動物はどこが違うと思うか」と問われ、「どこも違うと思わない！」と即答してしまってから、なぜ考えもせずにそう答えてしまったのかを考えたことがある。人間と動物の間に差異などない、互いの見た目と、人間が人間であり動物が動物であるというまさにそのこと以外には。この確信の根拠は、私が我が愛犬を深く慈しんでいるといったようなこととは全然関係がなかった。確かに彼は、よそんちの犬に比べてぬきん出て表情が豊かで（主人の欲目ではない）、もしも何頭かの犬たちが集まってポーカーを始めたとすれば、間違っても勝ち残ることができないような愛すべき性格の犬ではある。そんなふうだから私は、黙って（当然だ）、私の眼を見詰めている彼の黒々とした眼を見詰め返しては、思わずこう語りかけてしまう。

「お前の考えてることくらい、わかってるんだから。」

さて、ウィトゲンシュタインなら、ここで少なくとも二つの問いを提起するだろう。第一に、人間が犬に「語りかける」という行為について。第二に、人間が犬の心を「わかる」と言うことについて。

してはいけないことに、ふたりで決めていることをしてしまったとき、私は彼を叱る。頭上から大声で怒鳴りつける、「こら、いけない！」たちどころに彼は「恐縮する」。耳を寝かせて視線をそらすか、片足を差し出して、えへへと笑う。しかし、この態度は、私が勢いで思わず続けて言ってしまった、「反省しなさい！」という命令に応じて示されたものではない。なぜなら私は彼に、「反省する」という心の状態を教えたことがないからだ。彼が反省することができるためには、私は彼に「反省する」という語の文法すなわち振舞い方を、教えておかなければならなかったからだ。しかし、私はいかにしてそれを彼に教えることができるのか。

たとえば私が「反省！」と一喝すると同時に、両手をついてうなじを垂れるという態度を取ることを教えることはできるだろう。しかし、人間が反省するとき往々にしてそのような態度を取ることができるのは、「反省する」という言葉で示される心の状態を、自ら知っているからに他ならないのだ。反省することができるのは「話すことのできる者だけ」、「反省する」という「言葉の適用に通じている者だけ」なのだ。ここには、いかんともし難く循環する断絶《パラドックス》がある。したがって、犬にできることは、叱られて恐縮の態度を取ることだけ、人間にできることは、それを「反省している」と見ることだけなのである。

余談だが、愛犬家の愛犬家たるゆえんは大抵、こういった視点の欠落もしくは忘却に負っている。彼らは彼らの愛犬に、滔々と語りかける。（私もまた懲りずにそうする。）古今、幾多の名犬譚が成立しているのもこの事情による。彼ら犬たちには、こちらの語りかけを「理解している」態度が、そうでしかありえない明らかさで示されるにもかかわらず、彼らが一言も「話さない」からに他ならない。このふたつの事実の間隙に、人間による「犬の物語」が成立するのだ。もしも彼らの口蓋が言葉を話すのに不向きでなかったとしたら、彼らは私たちにここまで愛されたかどうか。なぜなら、「反省する」という言葉の適用を学んだ彼らは同時に、反省する「ふり」をも学ぶことになるからだ。

論点第二。「ごはん食べようか？」と私が彼に語りかけると、彼は尾を振り、足踏みならして舌なめずりする。嬉しく同意しているのだ。

「うん、食べよう、たくさん食べよう！」

しかしこれは、彼が言った、のではない。私が言ったのだ。私が彼の「代わりに」言ったというのも違う。なぜなら私は、彼が自分の感動を自分に語り掛けているかどうかを、どうやっても知り得ないからである。語り掛けていないとさえ、私たちには言えない。

〈犬はひょっとすると自分自身に話しかけるかも知れない、などと我々は言わない。それは、我々が犬の魂をそれほど精密に認知しているからなのか。そこで人は言うかもしれない、生物の振舞いを見ているときには、その魂を見ているのだ、と。――だが、私は自分についても、自分がかくかくに振舞っているから、自分自身に話しかけているのだ、と言うだろうか。――わたくしは、自分の振舞いの観察に基づいて、そのように言うのではない。だが、それに意義があるのは、わたくしがかく振舞っているからであるにすぎない。――すると、それには、わたくしがそう思念しているがゆえの意義はないのか。〉（同右三五七）

〈しかし、命題に意義を与えるのは我々の思念ではないのか（その一部には、もちろん、無意義な語系列を人は思念することができない、ということが含まれている）。そして、思念することは心の領域の中にある何かなのである。しかし、それはまた何か私的なことでもある！　それは把握できない何かであって、意識それ自体にのみ比較しうる。

どうして人はそのようなものを馬鹿らしいと思うことができよう！　それは言わば我々の言語の夢なのだ。〉（同右三五八）

犬である彼との言葉のやりとりは、徹頭徹尾、私のモノローグ、「かく振舞っているからであるにすぎない」「我々の言語の夢」なのだ。かくて、人間と動物の間に差異などない。いや、差異についての問いを、問うことができない。言語ゲームとは、いつだって、「人間の」言語ゲームでしかない限り、そんな問いを立てること自体が、そもそも不可能なことだったのだ。しかし、その不可能さこそが、かくも深く私に、絶対的な他者としての彼を愛おしく思わせているのかもしれない。

（以下・略）

文中の引用
『哲学探究』藤本隆志訳／大修館書店（ウィトゲンシュタイン全集）

by Akiko IKEDA

31 OCT. 1999

犬とて物を見る
見る、不思議

眼玉の裏側のようなところが痒いので、そこを掻きたいのだが

見る不思議とは、そういう感じ

当たり前なことにありがとう

「ありがとう」という言葉は、なぜかとても照れくさいものです。

何かをもらったり、何かをしてもらったりした時には、普通にその言葉は出てくるものですが、そうではない時、もっとごく当たり前にそれがありがたいような時には、なかなかそれが出てこない。というより、それが当たり前だからこそ、じつはそのありがたさに気がついていないというべきなのでしょう。

どういうことかと言いますと、たとえば、その人がそこに「いる」ということ、あるいは、世界や自然が「ある」ということ、さらには、自分がここに生きて「いる」ということなどです。私たちにとって、これよりも当たり前で、当たり前だからこそ、ふだんその当たり前さに気がつかないことはないでしょう。ところで、どうしてこれが、ありがたいことなのでしょうか。

私の経験から話しましょう。

私は数年前、とても可愛いがっていた愛犬を亡くしました。十五年間、寝食を共にし、お互いに愛し合ってきた仲でした。その間、私は彼のことをとても愛しいとは感じていましたが、そのことがありがたいことだというふうには気がついていませんでした。彼がそこにいることが、当たり前のことだったからです。

ところが、彼を亡くしてみて、私は深い悲しみに沈みましたが、やがて、その悲しみの感情が、彼に対する感謝、「ありがとう」の気持ちに変わってくるのに気がつきました。いてくれて、ありがとう。私のところに来てくれて、本当にありがとう。私はなんとありがたい日々の中にいたことだろう。当たり前に思っていたことが、なんてありがたい経験だったのだろう。そんなふうに気がついたのです。

彼という存在に対する感謝です。彼がそこにいるだけで、ありがたいことだったのです。べつに彼は私に何をしてくれたわけでもない、どころか、世話はやけるし、お金はかかるし、その意味でとても大変なことではありました。それでも、彼がいるだけで、そのことだけで私はよかった。彼の存在そのものが、ありがたいことだったのです。

彼という存在に対する感謝、とは、もっと言うと、彼という存在に出会わせてくれた、もっと大きな何かに対する感謝となります。考えてもみてください。この広い世界、果てしない宇宙の中で、誰かと誰かとが出会う、出会って愛し合うなんてことは、なんという偶然、なんというありがたいことなのでしょうか。

「ありがたい」とは、じつは、「在り難い」という意味です。そのようなことが存在することが難しい、難しいけれども存在した、そういう意味なのです。在り難いことが在ったということは、つまり、奇跡ということです。奇跡とは、何か変わった特別の出来事を言うのではなくて、いつも当たり前に思っていたことが、じつはすごいことだったと気がつく、そういうことなのです。この奇跡に対する驚きの感情が、感謝という感情の基礎にあります。ありがとう、この奇跡の経験を、ありがとうございます。

誰に対する感謝でしょうか。

昔の人なら、神様とか仏様とか言ったかもしれません。現代の私たちは、それを何と呼びましょうか。それを何と呼ぶにせよ、何か大いなるもの、人間の意志や思惑を超えた何か大きな存在を、やはり私たちは感じとることができます。それを感じとるときにこそ、私たちは、心の底から本当に素直に、「ありがとう」と言うことができるのでしょう。

ふだん当たり前に思っていること、家族や友人がそこにいること、そして、なにより自分がここにいるということ、このことに改めて感謝するなんてことは、ちょっとうそくさくて、できることではないでしょう。それでも、うるさいばかりの親たちや、意地悪ばかりする友人たちも、この広い宇宙の中で、なぜだかわからない偶然によって、出会った奇跡の人たちなのです。そう思って彼らのことを見てみれば、彼らを見る目も少し、違ってくるのではないでしょうか。彼らはそこにいるだけで、すごいこと、ありがたいことなのです。

自分が存在することへの感謝、それはおそらく人間にとって、究極の感謝でしょう。誰もそんなことは当たり前だと思っているからです。でも、どこか空気の澄んだところへでも行って、星空を見上げてみてください。自分が存在するということは、なんという不思議、究極の奇跡だと気がつくはずです。そのとき、そこには、感謝の気持ちが存在するはずなのです。

by Akiko IKEDA

Ⅳ

今宵も精神《スピリット》の旅に出る

ダンディーⅡと。

走りながら考える

暮れからこの春先にかけて、三冊続けて単行本を刊行した。

どれも書下ろしではなく、それぞれ連載していたものが、一冊になる時期がたまたま重なっただけなのだが、一冊にまとめるための作業は、連載とは違う気の遣い方をするもので、目が回るような忙しい思いをした。

がんばりすぎて体をこわし、病院通い、短期入院、その合間を縫って、「鬼のような形相で」(たぶん)、仕事を完遂した。本当に、くたびれた。

くたびれたのには、またひとつの大変な理由があって、じつにタイミングよく、愛犬が同時発病である。このタイミングのよさは、例の「シンクロニシティ」であるに違いない。私の具合が悪くなるのを正確に見計らって、彼も具合が悪くなった。それも、絶妙に、暮れから正月の、どこの病院も開いていない時である。獣医は、年明けまで何とかしのいでくれと言う。病身で病犬の介護をしながら年を越し、元日から机に向かう突貫作業である。そして、病院が開くと同時に彼をそこに放り込んで私は入院し、同日に退院してくるほど、われわれは仲が良い。

律気な性格はよーくわかってるから、気持だけでもいいのよ、あんた。保険のきかない動物医療の請求書を前に、私は彼に説いてきかせた。

そんなこんなで、とにかく疲れて、これは限界と、時間をやりくりして命からがら伊豆の温泉に逃げ出したのは、三月半ばのことである。

伊豆の湯は、透明で匂いもなく、長く入っていても湯疲れしない。さいわい私は平日に出かけることができるので、大浴場でも貸切状態である。もう特権階級である。ふやけるほど出たり入ったり、日に何度もしているうちに、体がほぐれてくるのの後から、「心の側が」ほぐれてくるのがわかる。自分がどんなに疲れていたか。

自分がどんなに疲れていたか。

しかし、これを了解するまでの方が、じつは難しいのではなかろうか。普通は、「疲れた」と思うと、よけい疲れるものだから、なるたけ思わないように努める方が多いと思う。そうして疲れをため込んで、ダウンして初めて気がつく。自分がどんなに疲れていたか。

十代、二十代の半ば頃まで、私は「疲れる」ということを、これは本当に知らなかった。若いということだけではなくて、なんだかやたらに丈夫だったのである。飲むわ食べるわ走り回るわ、その頃は代々木公園の近くに住んでいたのだが、毎朝欠かさずジョギングをする。ジョギングというより、もはやマラソンに近い。けっこうなスピードで、一時間二時間は平気である。疲れるのではなく、キリがないので切り上げるのだ。女子マラソンには十分参加できたと思う。

どうしてそんなにジョギングに入れ揚げていたかというと、美容のためでも健康のためでもなく、たぶん相当変わっていると思うけれども、思考のためなのである。あれは効く。あれは凄い。走りながら考えていると、考えも走る。加速するごと三段ロケット、宇宙の涯まで飛んでゆけるような感じになる。

じじつ、飛んでゆけたのである。これは誰にも言ってないのだが、処女作『事象そのものへ！』の第一章「論理篇」、あれは、走っている最中に全構想が閃《ひらめ》いたものである。閃いて、押し寄せてきて、そのまま家に飛んで帰ると、着換えるのももどかしく、トレパン姿のまま一気に書下ろしたものである。

モーツァルトは作曲に際して、楽想の全体を閃きのうちに見たそうだが、たぶんそれに近いと思う。音符のひとつひとつ、単語のひとつひとつは、全体の必然によって配列は既に決まっている。手は（私は）、それを自身の生理として、紙の上に引き写すのだ。何か内的にして外的なものが、猛烈な勢いで回転を始めるのである。

「ジョギングハイ」という言い方があるのを知ったのは、そのあとである。エンドルフィンがどうのとか、むろん肉体と精神とが無関係ではない限り、無関係ではないのだが、エンドルフィンそれ自体とヘーゲル哲学それ自体は、やっぱり見事に無関係である。

毎朝のジョギングとセットになっていたのが、夜な夜なの飲酒である。あれはあれでまたよく効く。あれは思考を飛ばすためのガソリンみたいなものである。走っては考え、飲んでは考え、体力も思考も充実しきった輝かしい時期が私にはあった。

ところが、そういった事柄を文章として書くことを、自分の職業にするようになってから、なんとなく調子がすぐれない。ここには明らかに相関関係がある。風邪をひき易くなったし、走りに行くなんて面倒くさい。酒量もめっきりおとなしくなった。たぶん、それまでひとりの世界で完結していた事柄を、公の場において為すという全く異質の作業において、やはり変な気の遣い方をしていたのだろうと思う。それは今でもそうである。だから病気のひとつもすることになる。

自分がどんなに疲れていたか。

ということを、ようやく了解したのは、つい最近のことである。つまり、仕事がようやく軌道に乗ったと思えるようになってからだ。

湯に浸かりながら、昔の心地が蘇る。仕事を始める以前である。私は、なんにも、したくはなかった。私は深く、なんにもしたくないのだった。なんにもしないで死ぬのを待とうと、決めていたのだった。

「いかなるはずみか」、はずみが勢い、文筆の仕事なんか始めてしまったからには、いい加減なことは絶対にイヤである。言葉は命だからである。まわりにも要求する。無礼やヤツは容赦しない。さあ文句あるなら言ってみな。そんな具合に信念を意地と張り通して十数年、自分がどんなに疲れていたか。

ああやっぱりなんにもしたくないなあ。久しぶりに、しみじみそう感じた。

（以下・略）

by Akiko IKEDA

酔うほどに冴える、はずだったが

なんとなく酒の残った頭で書こうとすると、やっぱり酒のことを書くしかないような気がする。

むろん年齢のせいだけれども、最近はほんとに酒が弱くなった。

弱くなったといっても、おそらく、人並みになったくらいだとは思うけれども。

かつては、すごかった。普通の成人男子は、ほぼ間違いなく、先につぶれた。それも私の場合、相手がつぶれるのを最後まで見究めていて、しかも、それをしっかり覚えているのだから、相手は、たまらない。言ったこと、口走ったこと、その状況の仔細《しさい》まで、全部覚えているのである。たぶん、それだけで気圧《けお》されて、彼らは早々に酔っぱらったのではなかったか。

仕方ない。私は、酔うほどに冴えてくる体質なのである。酔うほどに、理性と知性が燦然《さんぜん》と冴えわたり、全宇宙の全事象が見える、わかる、わかった、という感じになる。

妄想ではない。じじつ、そうやって手に入れた認識はたくさんある。飲みながら考えるのが面白くて、かつては、そうやって飲みながら、認識メモをつけていた。またの名を「酔っぱらいの覚書」というそれは、さながらウィトゲンシュタインばりの、とまではさすがに言わないが、そのような一瞬に閃《ひらめ》く洞察を把《つか》まえて封じ込めた断片群、これが、けっこう今の仕事の核の部分になっている。

酒のことを「スピリット」と名づけた感性は人類に共通しているようだ。あの液体は、私にとって、明らかに「精神」であり、思考の潤滑油もしくは起爆剤として作用する。いや、作用したのだった、かつては。

それが最近は、飲むと考えるのが面倒くさくなってくる。ちっとも進まないし、閃かないし、そうこうしているうちに、「まあ、すべて善き哉」、そういう感じになって、そのまま寝てしまう。

飲み方も酔い方も、変わったのだ。鯨飲しながら夜な夜なロケットを飛ばしていたのが、たしなみつつ一輪の花を愛でる、そういうふうに変わってきた。「たしなむ」なんて飲み方が自分に可能だなんて、かつてはとても思えなかったのだが。

とは言え、酒のない人生は、やっぱりとても考えられない。一回の飲酒によって、何万個の脳細胞が崩壊すると科学的報告が警告しても、やめる気にだけは、けっしてならない。毎晩飲むことは必ず飲んでいるのだから、ねっからの酒好きなのだと思う。

酒好きだから、酒を大事にしない飲み方が嫌いである。つまり、酒をダシにして目的は別にある、そういう飲み方がイヤなのである。

政治家や偉いさんなど、高級料亭で高級な酒を飲みながら、仕事の話をするという、その感覚が信じられない。酒がもったいない、酒に申し訳ない、私ならそう感じる。貧乏性なのではない。仁義を欠くと感じるのである。

高級料亭でなくとも、飲んでいるうちに青ざめてくる、そういう酒席は確かにある。まこと酒というのは正直なもので、どんなにうまい酒でも、こうなると、たちどころにまずくなる。大げさに聞こえるだろうが、拷問のように感じる時さえ私はある。そういう時は、早々に退席して家に帰り、清めの酒を飲み直す。

男性が、女性のいる店に飲みに行く、そのことだけで私はその人を信用しなくなる部分がある。ああ、つまりこの人は、酒を飲みたいわけじゃないんだ。

じっさい、そういうところでは、まずい国産の水割りなんかである場合がほとんどで、私はあの酒のあの飲み方を、お世辞にもうまいと思ったことがない。ツマミといえば、しけたピーナツとか歯が立たないアタリメとか平気で出すし、その代わりということなのだろう、女性の駄弁を聞かされなければならないわけで、あんなところにわざわざ飲みに行く男性を、酒飲みとして信用できるわけがない。「二次会」と言って、そういうところにお誘いいただいた時は、丁重にお断り申し上げることにしている。

この仕事を始めた最初の頃は、編集者に連れられて、いわゆる「文壇バー」なるところにも何度か行ったが、正直なところ、私はああいうところが好きでない。とても落ち着いて飲む気分にならない。

そうは言っても狭い業界なのらしく、お互いにどこの誰かということは知っているのだろう、見て見ぬふりをしながら強烈に牽制《けんせい》し合っているのが、よくわかる。有名作家が太鼓持ちの編集者を引き連れて入ってくると、店の空気がガラッと変わる。あっちでヒソヒソ、こっちでコソコソ、中で如才ないヤツはおべんちゃらを言いに出向くし、作家は作家で、俺のことを知らぬかという顔で見回しているから、あんたなんか全然知らないという顔を、意地でも私は続けていたりする。うまい酒であるわけがない。

ああいうところにいる「ママ」という人も、性格のいい人も時々はいるけれど、たいていはキツネである。今はなくなった店だが、なんだか私は一方的に嫉妬をされていたのらしく、あらぬ噂を立てられて、たいそう迷惑したことがある。くわばらくわばら。以来私は、あの手の店には、なるたけ近寄らないことにしている。無駄な時間だということが、よくわかったのである。

やっぱり酒は、大事に飲みたい。少なくとも私にとっては、人生におけるきわめて大事な時間なのである。意に染まぬ人と飲むよりも、断然ひとりのほうがいい。

まだよく覚めやらぬまま、日も暮れてきた。今日の仕事は、これでおしまい、これ一本。さて、酒瓶抱えて、今宵も私は精神《スピリット》の旅に出る。

人生を渡るための舟――健康

しばらく胃の調子が冴えないので、胃カメラを呑んできた。

以前にも一度呑んだことはあるけれど、あんなもの、大嫌いである。言語道断である。体はイヤだと拒否しているのに、有無もなく侵入してくるのはさながら強姦、涙はボロボロ流れるわ、ゲップは絶え間なく漏れ出るわ、苦痛と屈辱も極まるところでようやくおしまい、「ちょっとただれているようですね」。

西洋医学というのは野蛮なものだと、つくづく思う。いかに最先端の科学技術を駆使したところで、そのするところは基本的には、切ったの張ったの捌いたのである。なんかこうもっとエレガントでデリケートなやり方がありはしないか。

東洋医学の考え方は奥が深いぶんだけ、気も長く要る。漢方薬や指圧や気功、なるほど穏やかではあるのだが、効いているのやらいないのやら。

健康のことに気を遣うのは美学に反する。若年の頃はそう思っていた。じっさい、健康だったからである。健康というより、むしろ頑丈といった方がいい。やせてはいるが、大喰いで、普通の成人男子の倍はゆうに食べていた。フランス料理フルコースのあと、ピザ一枚くらい平気である。「まだ食べるの」。連れの男性に驚かれた。体力もある。毎朝のジョギングを一時間二時間、女子マラソン並みである。そして、飲む。いくらでも飲む。たいていの男性は、先に潰れた。それらの一部始終を観察しているくらい、冷静なのである。

そんなふうに憎たらしいほど健康だったものが、三十も半ばになると、なんとなく体が面白くない。疲れやすい、食欲がない、酒量が落ちた。それで人並みなのだとは言われたけれども、本人としては面白くない。あちこち故障が出てくるのが納得できない。体が人生のお荷物だなんてことがあっていいのか。

つまり、それまでは、体が「ある」ということを知らなかったのである。人生とは頭のことだと思っていたのである。ある意味ではそれは今でもそうなのだが、なるほどこの世で生きるということは、体をもって生きるということなのだな。この恐ろしく当たり前なことに、不調を知るようになって初めて気がついた。歳をとるということも同じことだが、体があるとは、なんだこのことだったのか。四十をすぎて、腑に落ちた。

腑に落ちてみると、今度は、健康のありがたさが身にしみる。体のどこにも不快のない状態というのが、いかに貴重な時間であるか。そのように体も心も安らいでいる時間というのは、人生から与えられる僥倖と言っていい。いい仕事のためにも、いい思索のためにも、健康でありたい。私が健康に気を遣い出したのは、つい近年のことである。まさしく人並みになったのである。

と言って、定期検診や人間ドックや、何らかのサプリメントを予防的に飲むといったことではない。健康とは、そういうこととは違うことだ。そも健康とは、病気がない状態のことを言うのだろうか。だとしたら、病気とは何か。もしも病気とは、何らかの病名のことだとすれば、病名とは人間がつけたものであって、自然のものではない。病名をつけられて不安になったり安心したりするのは、したがって不自然である。不自然であることは不健康である。健康とは、自然であることという、これもまたひどく当たり前のことになるのではなかろうか。

この世で生きるということは、体をもって生きるということである。体は自然だから、変化する、壊れる、やがてなくなる。健康とは、そういう自然の事柄に寄り添うというか、いやむしろ離れて見るというか、流れに逆らわず舵を取るような構えのことだろう。体は人生のお荷物だというのは逆、体は人生を渡るための舟なのである。

病気のひとつやふたつあるのもだから当たり前、むしろ病気のひとつも知らないと、人の心はヒダがなくなる。自分の若年を顧みて、今はそんなふうに思う。

たばこ規制に考える

たばこへの規制が、国際的により強化されると聞いた。屋外広告の禁止、箱にその有害性を明記することなどである。イギリスでは、公共の場所での喫煙を全面的に禁止するか否か、パブで一服は人生の楽しみ、それすら許されないのかと論議を呼んでいるらしい。我が国ではどうなるか。

私はたばこを喫まないので、個人的には望ましいという感想をもつ。けれども、喉を痛めてやめる以前は、嗜む程度は喫んでいたのでわかるのだが、満ち足りた食事のあとの一服、あれはけっこうなものですね。ブランデーかマールのような濃く香るヤツと、あるいは一口のエスプレッソでもよろしいものかと。

だから、あのような人生の至福のひとときを、法の力で規制するのは如何なものかと同情はする。しかし一方で、ここで言わせて頂くが、公共の場所すなわち路上での歩きたばこは絶対禁止せよとは、かねがね思っている。飼っているのが大きな犬なので、人が指先に下げたたばこがちょうど眼の高さにくる。眼に入ったらどうするか。吸いながら歩いている人の後ろを歩くのは、本当に気を遣う。小さな子供を連れている人は皆同じだろう。新調したばかりのコートの袖に、焼け焦げを作られたこともある。どうしてくれる。ついでに言うなら、若い女性の歩きたばこ、あれはみっともない。かっこいいつもりなのだろう。しかし、ああいうのは、ジャンヌ・モローがパリの街角でするからサマになるのである。そうでなければ、どこの馬の骨がである。気がついていないようなので、一言。

それはさておき、問題は愛煙家の「権利」である。個人の楽しみがなぜ法により規制されなければならないか。これはつまり、愛煙家の権利が、嫌煙家の権利よりも正当なものでないと見なされたということだろう。個人が健康に生きる権利は、他の個人により侵害されてはならない。根底にあるのは、権利である。これは愛煙家には分が悪い。しかし私は、なべてこの「権利」というものの考え方に、違和感をもつ者である。

何人も健康にその生命を全うする権利がある。これは天与の権利であると言われている。この「天与」が、私には釈然としないのである。「天」すなわち自然の事実とは、人は、生きる時には生きるであろうし、死ぬ時には死ぬであろう、ただそれだけのことである。私には生命を全うする権利があると、天に向かって直訴したとて、やっぱり人は、死ぬ時には死ぬのである。何をもって「健康」としているのかも、よくわからない。生きることを自然とするなら、病気になるのも自然であろう。その自然を不健康として排除するのは人為である。健康に生きることを天与の権利と決めたのは、天ではなくて、あくまでも人間なのである。

もっとも、この、「天と人」というのも、よく考えると、よくわからない。どこまでが天で、どこからが人なのか。人間を創ったのは、他でもないその天である。様々な人為的観念を産出している人間を産出したのは天である。だとすると、天も人も、本当のところはないのではなかろうか。

このようなことを飽かず考えるのは、少なくとも私にとっては、この人生におけるひとつの快楽である。このようなことを考えることをせずに、この人生で何をすることがあるのかとも感じる。私が、「権利」を唱える人々に違和感を覚えるのも、同じ理由による。健康に生きることは権利だ。しかし、その「生きる」とはそもどういうことであるのかを、あなたは考えたことがありますか。

たばこを喫まず、酒も飲まず、野菜ばかり食べてジムへ通う。そういうツルンとした人々の姿が浮かぶ。彼らはそれを「ナチュラルライフ」と呼ぶ。すなわち自然的人生であると。なるほど、けっこう。で、何のための人生なのですか。健康に生きるために健康に生きる、その健康な人生は何のためのものなのですか。

「生きているから生きている」、そう言えるようになった時、人は本当に健康になるのではなかろうか。

高層の夢

都内は高層マンションの建築ラッシュである。たまに街に出た折など、あっちでニョキニョキ、こっちでニョキニョキ、あっという間の景観の変わりように驚いてしまう。

金曜の朝の折込広告のブ厚さも凄い。それなりに需要があるんだろうな。チラシの紙面には、「このパノラマを我がものに」「いながらにして湾岸花火」などの文句が躍っている。写真はどれも判で押したように、居間やベランダからの東京上空の眺めである。タワーやブリッジ、遠く富士なども写っている。

私が今いる所は、なんでも東京オリンピックの年の出来で、都内でも最古に近いらしい。オンボロである。だから皆さん鷹揚で、犬やら猫やらを飼っている。管理人さんが管理室で犬と執務しているようなマンションは、ここくらいではなかろうか。

それが建替えでモメ始めて、十年以上になる。どうなるかわからないが、はやりの高層になるようなら、出ようと思っている。私は高い所に住むのを好まないし、そんなにピカピカになっちゃ、犬の規約などもうるさくなるに違いない。人が住む所なんだから、適当に古いくらいの方が、味があっていいじゃないか。

ヨーロッパでは、平気で二百年三百年使っている。以前ハイデルベルグを訪れて、ヘーゲルやヘルダーリンが暮らしていた学生寮を見た。その部屋では、今も誰かが学んでいる。いいなあと思った。歴史について思索した人の部屋で歴史について思索するのは、思索の深さがきっと違う。歴史とはすなわち自己なのだ、いよいよ生身に実感するはずである。なのに、日本の住宅は、作っちゃ壊し、作っちゃ壊しで、歴史の思索どころではない。

学生時代、ある時期から実家を出て下宿を始めた。酒ばかり飲み、帰宅が遅いので叱られる。それが煩しくて、家を出たのだ。港区芝、線路際の四畳半、トタン屋さんの作業場の二階である。トイレつき、二万円。トタン職人のじいちゃんは江戸っ子で、「震災も戦災もここなんでい」と威張っていた。その頃は、ほんのそこまで海だったそうだ。

なにしろ線路のすぐ脇だから、よく揺れる。昼間は、山手線、京浜東北線、東海道線、新幹線に加えてモノレールまで走る。合い間にトントン、トタンを打つ音、それは賑やかだった。が、夜が更け、最終電車が行ってしまうと、ピタリと静かになる。それからが私の思索の刻《とき》だ。

安いので、焼酎ばかりを飲んでいた。一升瓶からコップで呷る。グイグイと呷りながら思考を加速し、形而上へと離陸する。まあ、ロケット打上げのための燃料みたいなものだったんでしょうね。しかしこれが当時の私には面白くてたまらなかった。本当によく考えた、考えられた。今の考えの原型は、あの部屋と焼酎によって作られたと言っていい。そう言えば、私の後にそこに入居した友人が、しばらく酒臭くてたまらなかったと言ってたっけ。

先日久しぶりに羽田へ行く時、モノレールから見たら、その場所に、巨大なマンションを建てている。三方を包囲され、そこだけ頑張っているのを時々見てはいたけれど、とうとう陥落したか。じいちゃんもとうに亡くなったろうしな。

件の不動産チラシの中に、その一枚が入っていた。何百世帯の超高層、アスレチックジム完備、ホテル仕様、最上階には東京湾大パノラマのエグゼクティブラウンジ、選ばれたあなたにこそ、ふさわしい。

二十数年の歳月が、私の半生と、現代日本のバブルと浮沈が、交差しつつ一瞬で逆戻りするのを感じた。あそこに、あの酒臭い四畳半の部屋の上に、何千という人々が寝起きするわけだ。会社へ出かけ、セレブを目ざし、株価に泣いたり笑ったり、そんなことしながら暮らすわけだ。でも、そんなことしょせん湾岸花火、人々たちまち死と消えて、残るは宇宙の闇夜である。

そんなふうな夢想は、じつは未だあの部屋で飲みながら夢想している私の夢想なのではあるまいか。そう感じたりもする。

和食は人生の味わいだ

最近はもっぱら和食です。

といって、家でそんな手の込んだものを作るわけではなく、作るのは煮物とか野菜イタメとか、よく言えば普通の「お惣菜」、悪く言えば「山賊料理」、それにビールというのはもうずっと決まっているのですが、外食の際には、断然和食が増えましたね。

言うまでもなく、これは年齢のせいでしょう。若い頃は、御多分にもれず、洋食がたいそう好きでした。フレンチ、イタリアン、ステーキなどの肉料理、ボリュームのある料理が大好きで、しかも、それもよく食べる。私は体は細いのですが、非常な大食いでありまして、フランス料理六皿フルコースを平らげたあと、よそへ行ってピザを一枚ペロリなんてのは普通だった。そんなのが連日でも平気どころか、いよいよ元気だったのだから、やっぱり若いということは凄いことだ。

そして、酒、これがまた飲む。もとが得手の方ですから、料理と一緒にワインを一通り空けた後、ブランデーだのマールだのを、まあガブガブ飲むわ、鯨飲するわ、やっぱり普通じゃなかったわ。

それが何でしょうね、このところのおとなしさといったら、それが人並みなんでしょうが、満腹になると、もう要らないと感じる。八分目くらいがちょうどいいというふうになる。今にして思うと、あの頃は、食べるために食べ、飲むために飲んでいたようなもので、料理や酒を本当に味わうということはしていなかったのかもしれない。

とすると、料理や酒の味わいを本当に楽しめるのはこれからというわけで、そうなると、これはやっぱり和食のわけです。

改めて思うに、この和食というのは偉大なもので、魚介や野菜を中心にした食物摂取というのは、この民族としての私たちの体質にやはりとてもよく合致しているようです。長年そのような実感により培われてきただけの理が、自ずから通っていると感じられる。

「肉食の思想」「草食の思想」という民族の分類の仕方を聞きますね。「肉食」、つまり西洋人の合理的ゆえに融通のきかないものの考え方に対して、「草食」、つまり東洋人の情緒的ゆえに融和的なものの考え方を言います。

私は、ものを考えて文章を書くというのを仕事にしているため、自分でものを考えるということについて非常に自覚的になるのですが、摂取する食物によって、ものの考え方というか、考える仕方が変わるということは、どうもあるように感じます。

たとえば私はその肉食生活にはまり込んでいた頃、ロジカルに考えることがとても心地よかった。じじつ、よく考えられた。論理式を三段跳びで跳んでゆくような、跳び越えて跳びかかり捕獲するような、思考はそういう動き方をした。これは明らかに狩猟の感覚ですね。非常に猛々しいものだ。

ところが年齢的に体力も落ち、お肉もさほど欲しくない、そんなふうになってくると、考え方、感じ方も、やはり変わってくるんですね。論理と論理のはざまにあるもっと微妙なもの、捉えようがなくて論理で触れると壊れてしまいそうなもの、これがどうしても気になるようになってきた。そういうものには、これを壊さないように、そっと寄り添って見守ってゆくという接し方が必要になるのです。植物の成長を見守り育てる、これは農耕民族的態度だと言えましょう。ベジタリアンやある種の修行する人は、肉を断つと意識が冴えると聞きますが、この延長にそれがあるなとわかります。

とは言え私は、ベジタリアンになる気はなくて、お寿司も天ぷらもしゃぶしゃぶも、まだまだ好きなのですが、なんというか、うまい純米吟醸酒を塩辛かなんかでちびちびやりながら、しみじみ人生を考える。そういう酒肴の味わい方、つまり思索の味わい方が、大変おいしく感じられるようになってきたというわけです。

季節、「季節感」というのも、和食に惹かれる大きな理由と思います。むろんどの洋食も季節感の工夫はしますが、やはり和食のそれに敵《かな》うものではない。というより、私たちの側が、和食にこそこの国の季節的なものを感じとるという、そういう根強い心の癖をもっている。

だって、この季節ならば、山菜の天ぷら、そのほろ苦さに、ああ春が来たな、木の芽が出れば、その鮮やかな香りに、ああ初夏だ、必ずそう感じますよね。そしてそのことが、どういうわけか、単純に嬉しい。季節がまた巡ってきたということが、私たちには掛け値なく嬉しいことなのだ。季節を喜ぶ、季節を愛でるというこの感覚もまた、齢を重ねるごとに強くなるものです。これはおそらく、人生の深まりとともに、心が、自然や永遠的なものへといよいよ傾斜してゆくからなのでしょう。

ハナコ世代の皆さんには、十年くらい早いような話でした。でもやっぱり和食はいいものだ。フレンチ、イタリアン、エスニック、中華、何でも揃っている東京の食生活ですが、でも最後に帰れるところがあるというのは、本当にありがたいことだ。人生を味わうにはやっぱり和食だ。和食は人生の味わいだ。今こそ私はそう思いますね。早晩きっとわかると思います。

悩ましき虫の音　秋の夜

夏の終わり、秋の初め、確実に日が暮れるのが早くなってきていて、それでも昼間は殊勝に鳴いていたセミたちが、ピタリと鳴き終わる瞬間があります。ジージー、ミンミンこれが最後と鳴いていた連中が鳴き止んで、そのまま地面に住む人たち、コオロギ、松虫、秋の虫たちの涼やかな声に移行する瞬間というのがあって、それが面白く、この時期のこの時刻、私は耳を凝らします。

そのあと、あの人たちは文字通り夜通し鳴いていますが、窓を開けていると夜気がひんやりと肌に滲《し》みてくるように、彼らの声はこちらの心に秘めやかに沁《し》み込んでくる。夏の名残の吟醸冷酒でイッパイやりながら、目を閉じて聴いていると、自分が虫の音となって鳴っているような感じになる。これが妙趣であります。

虫の夜の　星空に浮く　地球かな　　大峯あきら

この感じですね。秋は空気も澄んでくるから、ちょっと山の中に行けば、満天の星が眺められます。虫たちの大合唱を聴きながら、頭上の星々を見上げれば、当然この感じになっていくはずです。

この句が面白いのは、虫の音を聴き、星空を眺めているところの私が、虫の音となり星空となる逆転の構図を鮮やかに捉えているところで、「浮く」の一語が、端的にそれを表しています。

人はたいてい、客観的物理的な世界というのが、自分の先に存在していて、自分はあとからそれを経験するのだと思っていますが、よく考えると、そうではない。外界の虫の音を私が聴き、外界の星空を私が眺めているのだと思っているのですが、じつはそうではないのです。

たとえば、ヘッドホンをつけて大音量で音楽を聴く時、音楽は「どこで」鳴っているでしょうか。「私の頭の中で」それは鳴っているとは、どうも言い難い感じですね。聴覚神経への刺激が大脳に伝達され、それが音楽として認識されるなんて説明は、完全に事後の説明、文字通りの「説明」であって、事柄そのものでは決してない。事柄そのもの、純粋な経験としては、ただ音楽が鳴っている、いや、音楽が存在する、世界が遍《あまね》く音楽であるという、そういう経験であるはずです。夢中で音楽に聴き入っている時、「私が聴いている」なんて言語化が蛇足であるのは実感ですよね。

仮のこの言語化、科学的説明が正しいとしても、音を聴くということの経験そのものの何であるかを言っていることになりません。なぜなら科学は、この「聴く」「聴いている」という自明の経験を前提として、そこから説明を始めているわけだから、前提そのものの何であるかを説明できないのは当然なのです。耳の聴こえない人に、音を聴く、音が聴こえるというのはこういうことだと、この科学的説明により理解させることはできません。「聴く」「聴こえる」という経験は、今まさに聴いている、聴こえているというこの経験、この感じ以外の何ものでもない。だからこそ経験とは不思議なものなのだ。経験は、「どこに」「誰に」生じているのか。

科学的説明が、ただの説明であることを忘れると同時に、人は、この純粋経験の不思議さを忘れることになります。そして、「私が聴いている」「私が見ている」という主客二元、主語述語の世界観を、思わず知らず受け入れることになる。この世界観は、我々の経験を、自ずから痩せたものにしてしまいます。

ある対象に感動して、「我を忘れた」経験において、人は、対象と「一体化した」「一体感が生じた」と描くも表現しますが、言語は常に経験を裏切っている。「一体化した」その経験こそが、本来の素直な経験であって、もし言うなら、「私はそれであった」「私はそれとして存在した」と言うべきでしょう。「一体化」と言う限り、主客の分裂が認められていることになりますからね。でも、そんなものは、本当は存在していないのです。

それで冒頭の句に戻りますと、秋の夜長に私が虫の音を聴いているのではない。ただ虫が鳴いている。（私が）虫の音として鳴っている。私が星空を眺めているのではない。（私が）星空として存在していると、こういうことになります。科学的世界観成立以前の、これが本来の世界のありようなのです。

しかし、この句がさらに悩ましいのは、そういう主客分裂以前の一元的世界、主客は混然と一緒なのだなあといった曖昧な感慨に我々を安住せしめないところにあります。なぜなら、再びそこから立ち上がるものがある。結の句に、なんと「地球かな」と来る。「地球かな」と。「地球」と聞けば、誰もが地球を表象します。暗黒の宇宙、果てなしの星空の中に、青くぽっかりと浮かんでいるこの地球を、ちょうど宇宙飛行士がそれを眺めている視線によって、鮮やかにイメージします。さてでは、この時、その地球を眺めているのは、いったい誰なのでしょうか。

虫の音と星空に一体化して憩っていたこの私、これは確か地上に存在していたはずだ。ところがその眼が突如として、宇宙の真ん中に見開いた。宇宙から地球の私を見た。地球の私を見ているこの眼は、いったい誰の眼、誰なんでしょうか。

これまた純粋経験、知覚の不思議ですが、「見る」ということは、必ず私によって行なわれているものだ。私以外のものが、私が見るものを見るということはない。世界とは、私によって見られている以外のものではあり得ないのだから、私が見ているものは、必ず私が見ているものなのだ。したがって、地上の私を見ているこの眼もまた必ず私なのだ。ああ、何という悩ましいことか、全宇宙を見抜き見晴らすことができるこの眼は、しかし、見ているこの眼だけは見ることができないのだ。眼は自分だけは見ることができないのだ。これはもう、どうしてもできないことなのですよ！

「私とは何か」という恐るべき問いの本来、永劫の謎の形がこれであります。ほんとに困ったことだ。

じっさい、外界の星空を眺めている私の内界にその星空は存在するなんて、とんでもないことですが、事実です。これは、無限を考えることにおいて無限は（私の内に）存在するというあれと同じですが、こういう奇てれつな存在の構造、知っていると、季節の味わいも一段と深いものになります。虫の音ひとつ聴いたって、もう宇宙旅行というわけです。

Ⓒ岩清水さやか

自分であり自分でない体

四十も半ばになりまして、なんだかすごく疲れやすい。根気が続かないし、すぐ休みたくなる。

先日、日帰りで大阪へ出張した時なんかも、向こうでの仕事はいくらでもないのに、もーヘトヘトに疲れてしまった。その疲れがとれるのに、結局一週間かかってしまった。若い頃はそんなことあり得なかったのに、ああこれが年齢というものだな。

その若い頃、中高年の「おじさん」「おばさん」たちが、そうこぼすのを右から左へ聞き流していたまさにそのセリフを、我が身に深く実感するようになり、その面白さにまた考え込むことの多いこの頃でもあります。

私はもとが健康で、というよりむしろ異様に丈夫で、往年の体力などちょっと普通じゃないところがあった。毎朝のランニングに一時間、二時間、雨でも雪でも平気で走る。そしてそれにふさわしいぶんだけ食べる、「飲む」、そして考える。「哲の女」か、はたまた「鉄の女」かと、驚嘆されたものでした。「疲れる」なんて、どんな状態のことを言うのか、全く理解しませんでしたね。

若年の頃は、たぶんに誰でもそうでしょう。体とは自分の自由になるもので、体が不自由のもとになるなんて、普通に健康なら、まず気がつくものではない。

しかしこれに加えてなお私が普通と少々違ったのは、もともと体すなわち肉体という存在に、実在感を覚えにくい。「実在感」とは、言わば、それが最も確実な存在だと、その人が感じるリアリティのことで、これを私は肉体についてどうも覚えにくい。では何にリアリティを覚えるかというと、肉体ではなくて精神、それも正確には精神における「思考」、これに私は強烈なリアリティを覚えるわけです。「変わっている」と言われるのは、まさにこの部分だと理解してもいるのですが、じじつ私はこの「思考」、自分が考えているこの感じに、肉感的と言っていいリアリティを覚える。この実在感の前には、肉体なんて「あってなき」が如き存在でしたね。ましてや若くて健康ならば、肉体が不如意の存在として意識されるなんてことは、あり得ようはずもなかった。

ところが、その私も順当に年齢を重ね、中年と呼ばれるお年頃になってくると、人並みに病気をする、ちょこまかとトラブルが起こるようになるわけです。これがまあとにかく面倒くさいと感じられる。体が仕事の邪魔をする、体が自分の不自由であるなんて、そんな馬鹿なことがあっていいのか。

最初は当然、腹が立つわけです。なにしろ、体は自分の自由なものどころか、体なんてものは「ない」ことにおいて、私は完全に自由だったんだから。だからこそ体との付き合い方なんて、まるっきり知らなかったんだから。

最初はそうして腹が立つ。だけどいくら腹を立ててみても、事態が変わるわけではなくて、ああこれはもう自分の意志を超えているな、体というのは意識的意志を超えた存在なんだなということが、いかな鈍感な私でも、さすがにわかるようになる。

体が意志を超えた存在であるということ、気がついてみると、なんと当たり前なことだったか。人はたいてい、とくに現代人は、体は「自分」もしくは自分の「もの」で、自分の意志でどうこうできるものだと思っています。腕を伸ばして物を把める、行きたい所へ歩いて行ける。この経験が、この信念の基礎にあります。

その意味ではそれはその通りなのですが、しかし「どのようにして」意志は体に働きかけるのか、その間の事情は、よく考えると、完全に暗箱の中です。ましてや、複雑な消化の過程や、心臓が正しく打つことなど、誰が自分の意志で行なっているものだろう。いや何よりも驚くべきことは、なんと、体は自分が作ったものではないということだ。自分が作ったのではないものが、自分の意志を超えているのは、当たり前のことなのだ。この恐るべき当たり前のことを、私は体の不如意を通して、思い出したような気もします。

自分が作ったのではない、では誰が作ったのかと言えば、言うまでもなく「自然」です。自然は人間の意志を、どうこうしようという賢しらな意図を、完全に超えている。なるほど肉体を自分だと思うのは、ある意味では間違っていない。しかし、その自分であるところの肉体とは自然だ、自然は自分を超えている、ゆえに自分は自分であり自分でないという不思議の構造に気がつくと、これはこれでまた広い所へ出られます。

私は先に思考だけで、その種の存在の不思議を捉えてはいましたが、次に体という不可解にギブアップすることで、別の道から同じ所へ出たなあという感じです。「頭で」知ってたことを、「身をもって」知ったとも言える。今さらながら、自然すなわち「天」という存在は、人知をはるかに超えている。

そんなふうに、自分でありかつ自分でないところの肉体との付き合い方、間のとり方、その要領をようよう覚えて、きょうこの頃、「心の変化」が面白く感じられる。若く健康な頃には、精神の側といえども「思考」、垂直に離陸してゆくあの超時間的な思考にしかリアリティがなかったのが、病気をしながら、あるいは年を重ねながら、思考の陰に隠れていた「心」、心の襞《ひだ》やら翳《かげ》やらが、えもいわれず面白いのです。心にできた襞や翳は、肉体により刻まれたものだ。これらの陰影があるからこそ、人生はおいしくなるのではなかろうか。肉体でもあるところの我々の人生の、地上的な人生の、その味わいなのではなかろうかと。

じっさい、この歳になると、顔を見ればその人がわかるという部分が確かにあります。その人の人生というか、経験の質のようなものが、一瞬でわかるということがどうもある。最近そのバリエーションに加わったのが、病気を知っている人と知らない人。これもどうやら違いますね。五十六十の歳まで、病気を知らず、風邪くらいしかひかず、元気に思うように生きてきた健康優良な人は、よく言えば明朗で気持のよいものですが、悪く言えばツルッとして面白味がない。心にダシが効いてないぶん大味で、話していてもどうにもつまらないような感じがする。

でも私だって、ただバリバリと健康なだけだったら、そういうつまらない人になっていたかもしれないのだから、人生というのは、あんがいうまくしたもののようです。

いつも一緒に考えていた —— 執筆も一緒。

理性に油を注ぐ酒

鹿児島の読者の方から、焼酎が届きました。

昨年、講演で訪れた際、うまいうまいと飲んでいたのを覚えてらしたのでしょう。その際の手みやげは、なんと、あの「森伊蔵」の一升瓶でした。

私は知らなかったのですが、これ、ものすごい秘蔵酒で、マニアの間ではプレミアムものだとか、友人に聞いて、びっくりした。うへえ、道理でペロリと飲んじゃった。

じつを言うと、焼酎を飲むのは数十年ぶりで、その昔よく飲んでいた、というよりお世話になっていたのは、お金のない学生の頃でした。金はないくせに、酒だけは飲む。そういう人はやっぱりどうしても焼酎になるんですね。安くてたいへん飲みでがある。酒ばかり飲んでいると叱られるので、実家を離れ、一人暮らしを始めた安アパートで、一升瓶抱えて飲んでたわ。

だってその頃で確か一本千五百円とかそんなものだったでしょ。味もやっぱりそれなりのものでしたよ。モワッと焼酎臭い、あからさまにアルコールという匂いのそれらの酒は、金はないくせに酒ばかり飲む人にはふさわしかったんですね。お湯で割るとムセるくらいに臭いから、麦茶で割ったり、梅干し入れたり、工夫して飲んでたわ。

　その頃の焼酎に比べて、久しぶりに飲むきょうびの焼酎のまあおいしくなったことと言ったら、端正で繊細で、上等の日本酒に劣らないほどだ。うーん、これはこれでまたよろしいなあ。これも嬉しい湯豆腐などつつきながら、舌鼓を打っているこの頃であります。

　そうは言っても、酒量はもう往年のそれとは比ぶべくもない。歳をとるといろんなことが変わってきますが、私の場合はこの酒量に端的に出ましたね。すっかりおとなしくなっちゃった。かつて鯨飲してた頃に一生ぶん飲んじゃったのかなあ。食事のお伴に「たしなむ程度に」なんて飲み方、以前は信じ難かったのが、そんな程度に落ち着いてきたようです。

　だってね、あなた、かつてはホントに凄かったんですよ。食事の伴どころか、食事代削ったって酒代だけは確保する。飲むためだけに、飲んでいた。ただし、昼間から飲むことだけはすまい、その一線を越えるのはマズイと思っていたので、ひたすらに夜を待つ。暗くなってくると、ソワソワする。

　さあ飲めるぞ、嬉しいな。

　私は大勢で酒を飲むのが好きではない。うるさい。くだらない。集中できない。したがって、夜な夜なアパートの一室で独り酒を飲むことになるのですが、これが凄かったんですよ。一升瓶を抱え込んでいるわけですから、ドブドブ注いで、ガブガブ呷《あお》る。安酒は全身を経巡《へめぐ》り、思考は脳天を突き破り、もう火が出るかという勢いでしたね。

なんでそんなに酒を飲んだのか、欲したのかという理由が、つまりこれのようです。たぶん変わっています。酒を飲むと、私は異様に頭が冴えてくる。「頭が」というのは不正確で、正確には「理性が」というところ、酒を飲むと私はいよいよ理性的になってくる。これが自分で面白くて、夜な夜な鯨飲しては理性に油を注いでいたようです。

普通は、酔うと理性が弱くなると言います。自己統御力がなくなって、あらぬことを口走ったり、思わぬことを仕出かしたりする。私の場合は逆でありまして、酔うといよいよ冴えてくる。だから、あらぬことはあらぬことでも、おお、こんなこともあり得たかという気づき方をする。思わぬことは思わぬことでも、その思わぬことを思えるということに感動する。酔ってゆく自分、すなわち意識の変容を理性により観察することが、たまらなく面白かったのです。

飲みながら、認識メモをつけていました。「Remark」またの名を「酔っぱらいの覚書」と名付けたそれは、今も手元に残っていますが、現在の認識の原形がそこにあります。ヨイヨイに乱れた筆跡で、「意識が」「存在が」「認識不能の」等々書き散らされている。やっぱり相当変ですよね。

しかし、これは本当は、私に限ったことではないでしょう。人が酒を飲むのは、人類が文明の発生以来常に酒を欲してきたのは、必ずある種の自己変容を求めてのことであるはずです。自己つまり意識の変容、深いところで人は必ずそれを求めています。私は経験がありませんが、ドラッグとか麻薬とかはその代表で、日常的意識では経験できないリアリティを経験するために、それらは使用されてきた。もっと些細なところでは、一本の煙草でも、意識状態は微妙に変化するのが観察されますね。ふっと緩む、リラックスする、それが気持よくて、人はニコチンを摂取するわけです。

アルコール飲料もおそらく、そのような人間の欲求によりもたらされたもので、酒を飲むと、気分が変わる。普段は抑圧している欲望や願望を解放し、自由感を味わいたいがために人は酒を飲むのだ。つかのまでも幸福な気分になれるから、人は飽きることなく酒を求めるのだ。

だから大勢で飲むのは嫌いだと私は言うのです。というか、端的に、それはもったいない。酒を飲み、自身の意識が変容してゆくのを静かに観察する。もしくは味わう。ここにわざわざ酒を飲むことの意義があるのであって、大勢ではとてもそんな集中はできない。皆さん御存知の通り、大勢の酒は必ずや散漫な大騒ぎをもって終わる。各人勝手に自分の抑圧的欲望やら願望やらを吐き出してよしとしているもので、その時は自由で幸福のつもりでも、翌朝必ず後悔しているのがその証拠でしょう。自身の酔いにきちんと付き合っていない、自覚の過程を経ていないからです。だいいち、酒の力を借りて普段のウサを晴らそう、できないことやっちゃおうなんて発想自体が姑息なもので、酒に対して失礼だと、酒飲みとして私は感じる。

酒は古代においては、宗教儀礼に欠かせないものでした。日常のリアリティを離脱して、何らか神的なもの、宗教的リアリティに触れるためのものだったから、だから酒は「スピリット」なんですよ。「スピリット」すなわち「精神」、神的なものとしての精神と酒とは、たいへんよく馴染むものです。宴会の乱痴気騒ぎに神様をお呼びするのは失礼というものです。

言えた義理ではありません。数十年の酒歴を経て、私なりにひねり出した自己弁護です。最近は、酒のおいしさ、その味が、しみじみわかるようになりました。これからが本当かもしれませんね。

混浴の温泉場

　例年にない暖冬だとかで、本当に初雪が降らないまま立春を迎えてしまった。

　この異様に寒がりの私が、この時期に自転車で犬と散歩する時には必須のアイテムである毛皮のジャンパーを引っ張り出さずにすんでいる。あれなしに冬を乗り切ることなど思ったこともないというのに。

　もっともこの「例年」とか「例年にない」というのも、よく聞いてみると不明である。たとえば気象庁が言うところの「平年」は、過去三十年間の平均だという。これに倣えば、気温や積雪のこまごまに従って「例年」は少しずつずれてゆく。「例年になく」暖かいこの冬も、あと一年経てば、その「例年」に組み込まれてゆくのだ。人は、「例年」の異常さに慣れてゆく、慣らされてゆくのだから、例年も平年もじつは作為的なものであるとニベもなく言うことはできる。異常気象などじつは存在しないのだと。あるいは逆に、すべては言葉なのだと言うこともできる。人は、寒いから冬なのだと感じるそれ以上に、冬だから寒いのだと思っているのだ。だから、「例年」通りでないと、少し居心地が悪い。

とにもかくにも、たとえ異常の気象であれ、人は、季節の予兆、自然の何くれを無理矢理にでも見つけ出して喜びたい。やっぱり、とりとめないのはつまらないからである。

昨年は、例年になく寒い冬だった。まあーとにかく寒かった。こりゃ冬らしくていいやと、行ったこともない大雪の村々を写すテレビ映像を景物がわりに楽しんだものである。ほんと失礼だけれども、季節の巡りと一緒に一杯やるのは、想像するだに楽しくなってしまうのである。

異様な寒がりのために、これまた大変な温泉好きである私は、寒くなるとソワソワしてくる。どこぞの温泉へ、出かけたくなるのである。どこぞへ……、どこへ？　どこでもいい。雪がちらつく静かな部屋で、純米吟醸の飲めるとこ、お風呂は透明ぬるめがいいわね。

そんなとこへお呼びがかかろうものなら、一も二もなく飛んで行きますわ。そしたら、まもなく「噂の」鶴の湯温泉からお声がかかったのは、何やらこの温泉が世間を騒がせる数カ月前のこと。秋田県の中学校に、中学生を相手に話をしに来いという企画でありました。私はこの頃、講演、出張の依頼を受ける際、反射的に交換条件で訊いてしまうのが、「そこ、温泉ありますか？」

訊いてみれば、なんと「噂の」鶴の湯温泉、女性誌などでおシャレに生まれ変わったと評判の、源泉かけ流しが人気の秘湯であります（この「人気の秘湯」というのも、よく考えると変だけれども、よしとして）。

予約も取れないそのお湯に入りたい一心で（！）私ははるばる出かけたけれども、乳色のそのお湯は、とろとろと柔らかく、それはそれでよろしいものでした。

ところでギョッとしたのは、その宿のお湯はなんと一部が混浴だったことで、その懐かしい響きからして、私はびっくりした。きょうびいちおうは近代的な（ウォシュレット付きの）宿で、混浴の所ってあるんですか。いや私はダメでしたねえ。若いニィちゃんたちはニヤニヤ見上げながら待ってるし、ネェちゃんたちは中でタオルを固く巻きつけたりして警戒を解かない、山奥の秘湯としては、なんとも色気がない。

ところが、あなた、笑っちゃうじゃないですか、その源泉露天風呂の裏山が、「例年にない」大雪の重みに耐えかねてか、突如、崖崩れを起こし、積雪は雪崩となって混浴場を直撃したというのである。そう言えば、お湯につかりながら見上げた崖の上に、露天風呂を覗きこむようにせり出した、大きく太った雪庇があったっけ。

不幸にして、作業員の人が亡くなられるほどの惨事であったときくけれど、泥湯の中をコロコロと転がされた人々は、タオルを巻いていただろうか。女湯にあった巨大な男根は、ちゃんと元に戻されたのだろうか。

例年になく暖かな季節の巡りの中で春一番が吹いた日に、ふと、寒い混浴の温泉場のことを思い出す。

V　ふたたび、犬の力

ダンディーⅠと。

彼の匂い

私たちは深く愛し合っていました。

強く抱き締めたとき、その逞しい体から立ち昇ってくる彼の匂いは、私を陶然とさせるものでした。そして彼のほうもまたそうであったはず、私を見つめ返す彼の眼は、熱く語っていました。この世で最も愛する人、この人から決して離れまい。この人の匂いのするところ、僕はどこまでもついてゆこうと。

彼の名はダンディー、大きなコリー犬でした。数年前に亡くなりましたが、彼の記憶はその愛おしい匂いとともに、いまでも私の鼻腔に鮮やかに蘇ってきます。

犬というのは、どうしてかくもいい匂いがするものでしょう。

私は犬の匂いが大好きです。犬嫌いの人にとっては、犬の匂いなど、「犬臭い」「けもの臭い」と顔をしかめるようなものなのかもしれませんが、犬好きにとっての犬の匂いは、これはもうまぎれもなく「芳香」と言っていいようなものでしょう。

なんと言いましょうか、それは香ばしいナッツのような、よく陽に干された干し草のような、何かこう懐かしく暖かく、深く安心するような匂いです。私はそれが好きで、嗅ぎたくて、いつも彼の体に鼻をうずめてクンクンしたものですが、よく嗅ぎわけてみると、体の各部でそれぞれの匂いが微妙に違う。

耳の中、これはかすかな刺激臭がありますが、しばらく掃除をサボっていると、濃厚なチーズの匂いがしてきます。鼻の頭、これはまあ納豆ですね。口の中、お肉を食べたあとなどは、当然なまぐさいものですが、ふだんは甘酸っぱいよだれの匂いでいっぱいです。肛門の脇の肛門腺をしぼり忘れていると、かなり強烈に「動物」といった匂いがしてきます。

なにより私が好きだったのは、変かもしれませんが、足の裏の匂い、これがいちばん、犬らしい。ナッツと干し草に加え、よく歩き込んで滲み込んだ土と泥の匂い、それを洗ったあとの雑巾の匂いがミックスされ、えも言われぬ芳香となって、犬々しさをアピールしている。私はこれが、たまらなく好きでしたねえ。おそらく多くの犬好きは賛同するはずと、なぜか確信しているのですが。

健康状態や年齢によっても違います。まだウブ毛がモコモコの仔犬の頃、これは「赤ちゃん」の匂いなのでしょうね、とても柔らかい匂い、たとえて言えば、カステラの匂いでした。そして、犬にも加齢臭というのがあると、はっきりわかりました。ヨロヨロの老犬になった頃、彼の体からは濃い油の匂いがしていました。

どうしてこんなに彼の匂いに敏感になったかというと、つまり彼になったからです。長年一緒に暮らしているうちに、どうも私は彼になってしまったようなのです。彼は犬だから、とにかくまず匂いを嗅ぐ。何かのもの、それが何かを知るために、そのものの匂いを嗅ぐということをします。長い鼻づらを近づけて、黒い鼻の頭をヒクヒク、鼻息をフンフン、そうして、そのものが何であるかを認識する。この彼の世界認識の方法が、どうも私にうつってしまった。

おいしいごちそうをまず「嗅ぐ」、じゅうたんのシミに鼻をつけて「嗅ぐ」、彼の体調を知るために、尻尾を持ち上げてお尻の匂いを嗅いでいる自分に気づいたとき、なんだこれは犬の行動そのものじゃないかと理解しました。

そうは言っても、嗅覚が基本という彼らの世界理解がどのようなものなのか、視覚基本の人間である私には、皆目わかりません。犬の嗅覚は人間の何千倍だとか。見るよりも先に匂いで知る世界とは、どのような世界なのでしょうか。ひょっとしたらそれは、見ることですぐわかった気になってしまう人間の世界よりも、はるかに奥深く魅惑的な世界なのかもしれません。

晩年の介護は本当に大変でした。びろうな話で恐縮なのですが、ヘルニアのため自力でウンチができなくなり、毎朝私が摘便をするのです。これは文字通り「臭い」ものでした。朝の清浄な空気の中、あまりの臭さに目が覚めましたね。でも、麝香の肛門腺を稀釈すれば素晴らしい香水になる、それと同じじゃないか。このウンチだって、その気になれば、私には香水みたいなもんだ。そう居直って、最後までこの仕事を完遂しました。

十五年の長寿を全うして、彼は亡くなりましたが、互いによい時間を共有できたと思っています。亡くなった当初は淋しく、家の中、彼の匂いのするところを嗅ぎ回ったものです。お気に入りのカウチ、よく遊んだぬいぐるみ、カーテンの陰、掃除機の中のホコリまで、あちらこちらにそれは残っていました。犬の匂いが恋しくて、ご近所の犬を見かけると、「嗅がせて！」。鼻腔に広がる、懐かしいあの匂い、犬たち、その愛すべき者たちの心安まる匂い。

家に残る彼の匂いも薄れてきた頃、私は、秘密の小箱、寄せ木細工の小さな箱を開きました。中には、亡くなった彼から切り取った彼の毛の束が入っている。彼の匂い、そのもの。「宝箱」と私は呼んでいますが、鼻を寄せて嗅ぐその愛しい匂いは、現在しないけれども現在するもの、生きて死ぬ私たちが存在することの不思議を、改めて感じさせるものです。

先般、二代目の彼を迎えましたが、この宝箱を開けて嗅がせると、とても妙な顔をします。どうしてこんなところに友だちがいるのだろう。

お前はお前で愛してあげるから。そう言って私は、フカフカの彼の首筋に、深々と鼻をうずめます。

再会

仔犬がやって来た。やっぱりまた飼ってしまった。黒覆面のコリー犬、名前も同じに襲名したのは、魂の継承を願ったからである。

先代が十五歳で亡くなって一年あまり、ペットロスと言われるほど深刻ではなかったけれど、それなりの、つまり十五年分の喪失感はあった。が楽しい思い出や愛《いと》しい面影を、思い出しては涙するという月並みな心の動きを経過しながら、少しずつ彼を向こうへと送ってやることができた。悲しむのは悲しみたいからだという当たり前のことにも気がついた。悲しんでいる間は、一緒にいられる。けれども、私が肩を落としていれば、傍にやってきて膝に手を乗せるようだったあの彼と、そうやって一緒に悲しんでいても仕方がないじゃないか。いなくなったわけでもないのだし。

二代目を飼おうと決心したのには、現実的な理由がある。気がねなく旅行に行けるということの一年は、その意味で楽だったけれども、やっぱり犬のいる暮らしの楽しさには、代えられない。私はどうしても大きな犬が好きである。大型犬を飼うには、相当の体力が必要だ。先代の最後の介護生活は、本当に大変だった。足の弱った重量犬を、歩行バンドで吊り下げて散歩する。寝たきりになってからは、ひっくり返すのも一苦労だった。もし一頭十五年で計算すれば、次の犬が往生する時、私は六十になる。三頭目は考えられない。六十をすぎて、大型犬の散歩は無理である。それなら、飼うのは今しかないじゃないか。

犬の寿命で自分の人生を計るとは、犬好きにしかわからない計算だろう。しかし、生涯の伴侶犬は、そう計算すればたったの二頭である。そう思えば心ははやる。一周忌をすませ、私は、今や全国でも数えるほどしかないコリー専門のブリーダーを、偶然知った場所に見つけて、仔犬を選びに駆けつけたのだった。

ハンサムなお父さんと美人のお母さんを見そめて、ダメもとで交配の予定を尋ねれば、なんとまもなく。ラッキー！　産まれたら黒い男の仔を分けてくださいと頼んできた。ふた月後、待ちわびた一報、産まれましたよ、でも残念、黒の雄は一頭だけ、お選びいただけないのです。

いやいやそれこそラッキーというもの、私は選びたくはなかったからだ。生まれた命を選別するなど後生《ごしょう》が悪い。聞けば、黒の雄はもう一頭いたのだが死産だったという。さては、その彼、譲ったな。

そういうトントン拍子の御縁によって、来るべき仔犬がやって来た。その仔が来るのは決まっていた。お前は誰に言われてやって来たのだ、いやお前とはいったい誰なのだ。生後三カ月、鼻が伸び始めたバランスの変な顔に、問いかけている。

とは言え、「お前はいったい誰なのだ」とは、考えるほどに、不思議な問いである。じっさい、非常に不思議な感じになる。誰なのだ、どこから来たのだ、この不思議な感じを、人間の子供がいる人は（失礼）、どんなふうに納得しているものだろうか。向こうへ往く命、こちらへ来る命、人知には計り知れない命の循環連関において、その者がその者であるとは、本当にどういうことなのだろう。この問いのもつ深い感覚を味わうことが、私にはとても気持ちがよい。

当代は、これもまた不思議なことに、何も教えていないのに、家の中を勝手知ったふうに振舞う。「知ってるよ。そんなこと知ってるよ」。しつけに全然手間がかからない。私はデジャヴの日々である。仕事をしている私の足元のここに寝そべるなんて、お前はいつ覚えたんだい？

あの忠実さ、あの善良さ、そして情けなさ——再び、愛犬

愛犬を十五歳で見送って一年あまり、やっぱりまた飼ってしまった。同じ種類の同じ色、名前も同じに襲名したのは、歌舞伎役者にならったのである。先代の魂が入るに違いない。

愛犬を亡くして、ペットロス症候群に陥る人は多いらしい。私はそのようには深刻ではなかったけれども、その気持はわからなくはない。後から来たのに先に往くというのは、そのことだけで十分に悲しい。しかも、その間、彼らは、あなたなしでは私はとても生きてゆけないのでございますよ、馬鹿じゃないかというほどの忠誠を我々に尽くすのである。あの忠実さ、あの善良さ、そして情けなさ、これがもう犬好きにはタマラナイのである。ひょっとしたら自分の子より可愛いのである。そんな子供に先に往かれて、生きる支えがなくなったというのは、十分にあり得ることである。

私が二代目を飼おうと決心したのには、現実的な理由がある。気がねなく旅行に行けるというこの一年は、その意味で楽だったけれども、やっぱり犬のいる暮らしの楽しさには代え難い。しかも、私はどうしても大きな犬が好きなのだ。大型犬を飼うのには、相当の体力が不可欠で

ある。若犬のうちの運動もさることながら、本当に大変なのは、老齢期の介護である。

先代の最後の二年間がそうだった。足腰の弱った大型犬を、歩行バンドで吊り下げながら散歩する。寝たきりになってからは、床ずれ防止に日に何度もひっくり返すのだが、これがまた一苦労である。幸いにしてボケなかったけれども、各種の疾病で、オシッコ、ウンコは昼夜を分かたず、戦争のような日々である。私の方が倒れて入院したこともある。そんなことができるのも、こちらに体力があるうち、もし一頭十五年で計算すれば、次の犬が往生する時、私は六十前である。三頭目はあり得ない。六十をすぎて大型犬の散歩は無理である。それなら、飼うのは今しかない。

犬の寿命で人生を計るのは、飼う人は誰もやっている計算である。小型犬でも、自分が先に往くかと心配で、そう語る高齢者も多い。人間の伴侶よりも、伴侶だったりするのである。

久方ぶりの、愛犬を連れてのお散歩は楽しい。先代を亡くして後も、運動不足解消で一人で歩いてはいたけれど、なんだか間合いがとれなかった。匂いを嗅ぐのに立ち止まる、他の犬を見つけて駆けてゆく、そういう他愛ない犬の仕草が、結局はお散歩の楽しさだったのだと気がついた。

もうひとつの楽しみが、他の飼い主たちとの交流である。飼っている人ならわかることだが、毎朝毎夕同じ場所で行き合ったり集まったりするので、自然と顔見知りになる。しかし、見知っているのは実は犬の顔だけであって、犬を連れていなければ、お互いに誰だかわからない。

名前なんて全然知らない。「○○ちゃんのママ」「××ちゃんのパパ」と呼び合う一種独特の紐帯である。

いやこれが時により、おそろしく愉快なのである。笑えるのである。「ママ」の場合はさほどでもない。秀逸なのが「パパ」である。先日も、斯界で「お散歩デビュー」と呼ばれる仔犬の顔見世のお散歩へ出かけた時のこと。厳しい感じの初老の男性が、自分の犬を連れている。「よろしくね」、犬同士の挨拶をすませると、男性が口を開き、言うには、「アタチ、エリって言いまちゅ。どーじょよろちくね」。

まーどっから出してるのかというような裏声と、とろけるような笑顔でもって、愛犬の代弁をするのである。これが、けっこうな会社の、おっかない部長だったり社長だったりするわけである。そんな声そんな顔、どんな部下も金輪際知らないはずである。しかし、誰もこと愛犬のこととなると、必ずやこうなるのである。

堪えきれず噴き出してしまったのを、彼の犬を撫でることでごまかしつつ、改めて私は感動した。犬の力は、やっぱりすごい。人間の心を、完全に無防備にしてしまうのである。これはハマると、本当にいいものですよ。

暑さ雑感

降りもしないのに梅雨が明けた。

暑い暑い夏である。

と言っても、私の冷え性も半端でないので、じつはさほど暑さを感じない。電気あんかのお世話にならないのは、一年でもこの七月八月だけなのである。よほど体を動かさないと、汗というものをかくこともほとんどない。八月生まれだから暑さに強いとか、そういうことでもないような気がする。やせているせいが大きいと思うけれども、おそらく、言うところの熱血という要素に欠けるのであろう。気性は十分に荒いと思うのだが。

そのかわり、冬の寒さの寒がり方も半端ではない。家にいる時はウールのソックスを二枚重ねたうえに、中に毛の生えたルームシューズをはき込んで、足温器の前で丸くなっている。外に出るのなんて金輪際イヤである。イヤだけれども、出なければならない理由が、犬の散歩である。これにはもうほとんど八甲田山雪中行軍かというういでたちで出立する。

で、先代の犬を亡くして、当代の犬を迎え、初めての夏である。日本の夏には不似合いな巨大な長毛種である。もと牧羊犬のコリー犬なのだが、きょうびは惰弱化が進み、人のために働くのなど映画の中だけの話である。少なくとも我が家では、もっぱら愛されるためにのみ存在している。

で、その彼が暑がること暑がること、まだ半年の仔犬のくせに、被毛は一人前に伸びてきたから、じっとしているだけでも暑いのだろう。私はクーラーが嫌いなので、午前中は窓をあけて仕事をしている。反対側の部屋の窓をあければ、いい風が通るのである。その間彼は、冷たい玄関のタタキの上で、お腹を丸出しにして寝ているのだが、十時になると、もう限界のようである。私の足元にやってきて、これ見よがしに大きな溜息をつき、暑がってみせる。クーラーをかけろと言うのである。根負けして私は靴下をはき、朝からクーラーを余儀なくされる。

散歩の時にも暑いと文句を言う。今年はまだ子供だからしないつもりだったのだが、先代から恒例だったバリカンによる丸刈りを、先日決行してしまった。エレガントなロングヘアーが売りのラッシー犬も、さながら間が抜けたロバのような面貌になる。私は、犬の見てくれにはかまわない主義なので、これでいいのである。本人もじつに快適そうである。

犬の話題は、愛犬家にしか通用しない。暑い暑いの話であった。じっさい、熱中症で倒れる犬も増えているが、人の世界も大変そうである。暑がりでないくせに外に出る用もないので私は家にいるわけだが、外では人がバタバタ倒れていると聞く。天気予報が言うには、「外に出る際には十分にお気をつけください」。

先日、珍しく所用で新橋あたりを通りかかったら、車の温度計が四十二度を示している。汐留に高層ビル群ができたので、新橋がエアポケット状態になってしまったのだそうだ。それまでは、さわやかな海風が吹き抜けていたのに。

四十二度の街なんか歩いたら、犬でなくても参ってしまう。あるいは危険の域である。車から眺めていて気の毒に思ったのは、やはり男性たちである。女性は、そうは言っても、ノースリーブで日傘をさしたり、少なくとも見た目には涼しそうである。男性のあのグレーの背広姿は、なんとかならないものだろうか。なんの利点があるわけでなく、なんとも不合理であると思う。時期が来れば一皮くるりとむいて夏姿に変身するウチの犬みたいに、何か合理的な工夫がないものだろうか。見てくれを気にしなければ、何でもできる気がするのだが。誰か勇気のある言い出しっぺが必要なんだろうな。

このまま日本の亜熱帯化が進めば、やはり国民性も変わるだろう。風土と国民性は、深く関係しているからである。沖縄の人々の気長さや大らかさを思ってみよう。経済成長の伸びは鈍るだろうけれども、それもまた善きかな。溶け出しそうな脳みそで、皆がそう思い始めてくれはしないか。

愛犬その後

愛犬を見送って二年になる。

昨年一周忌の折、心境をこのコラムで私は綴り、こんなふうに締め括った。「私の彼は、今いずこ。幻影でもいい、会いたいなあ」。

すると、ほどなく、見知らぬ読者の方からお手紙が届いた。開いてみると、こう書いてある。「私はそれを知っています。彼は今、水星で元気に暮らしています」

私は、笑った。これだから週刊誌の連載は面白い。

しかし、私が笑ったのは、馬鹿にして笑ったのでは決してない。ああ世の中にはいろんな人がいるのだなあということが、ゆえなく愉快なのである。人というのは、いろんなところで、いろんな感じ方をしているものなのだなあ。

お手紙によれば、地球から水星はとても遠いけれども、以下のやり方を実行すれば、ものの三、四分で彼はここへやってくることができる。信じる信じないはあなたの自由です。自分とてもともとはこんなふうではなかったが、あることがきっかけで、こんな回路が開いてしまった。ゆえに自分はいかなる宗教の信奉者でもない。人にも滅多に言いません。

私は、このような事柄、感じ方を、一概に否定する者ではない。人間というのは、よく深く考えると、本当に何でもアリなのである。オバケを見るとか空を飛ぶとかいったことは、不思議でも何でもないのである。なぜなら、そもそも人間が、いやこの宇宙が、存在するということ自体がとんでもない不思議だからである。よくよく考えてみれば、何もかもが不思議なのに、どうして何かひとつのことばかり、取立てて不思議がる理由があるだろう。人がひとつの不思議ばかりを追いかけると、世の中収拾がつかなくなる。だから、とりあえずのルールとして、「唯一の客観的世界」が存在するとする科学的世界観というものがある。それを信じ込んでいるだけである。それで科学で説明できないことを不思議だと言う。科学を信じるということも、その意味では宗教なのである。

おそらくその人は、何らかの独自の仕方で、人生や宇宙を見ているのだろう。そのことをそうと自覚し、普通に社会生活を営んでいるのなら、そこにはいかなる問題もない。各々が、各々の仕方で、人生や宇宙の夢を見ている。人生や宇宙は、人智には理解不可能な謎である。だから宗教を絶対化すると、人は誤るのである。

「招魂術」というのだろうか、愛犬の魂を呼び寄せる手順は、けっこうややこしくて、私は実行しなかった。けれども、お気持だけは、嬉しく頂戴したのである。

しかし、また別の筋からの情報によれば、愛犬は箱根神社で狛犬の修行をしているという。

これには私は心当たりがあった。彼の病が重いので、亡くなる数日前、霊験あらたかという箱根神社のお札を、私は友人たちと取りに行き、祈禱してもらったのである。甲斐なく彼は亡くなったけれども、お札を一緒に焼いてあげた。旅路が無事に導かれますように。

ああ、彼がとても賢くていい子だから、神様が見込まれて、連れて行かれたんだ。

私は深く納得している。以来、箱根神社へは、たびたびお参りに行く。神様、ウチの息子を、どうぞよろしく。

ウソかホントか、私は知らない。いや、そもウソかホントかを言うことはできない。どういうことになっているのかわからない事柄について、どうしてウソかホントかを言うことができるものだろう。いずれにせよ、人間が、人間にできる仕方で見ている夢である。夢でなければ物語である。ただ私には、このような物語が、とても心地いいというだけである。

とはいえ、「愛犬が箱根で狛犬をしておりますもので」とは、やっぱり大きな声では言えないなあ。この諧謔は、人生と宇宙の絶対不可解に、一度完全に打ちのめされた経験のある人にしか、通じない。共に笑うことができない。信じるか信じないかという話ほど、物事をつまらなくするものはないのである。

楽しいお散歩

スポーツというものが得手ではない。

体力や持久力はたぶん人並みにあるし、運動神経だってさほど悪いほうではないと思う。なのになんでスポーツが得手ではないかというと、要するに、面倒くさいのである。生来が極端なものぐさなので、「何かをする」ということ自体が面倒くさい。何かをするために腰を上げることからして一苦労なのである。

だから、運動能力を所有してはいても、それを使用してどうこう、という発想にならない。競技のルールを覚えるのなど、金輪際ごめんだし、集団競技なんてとんでもない。ルールを覚えたうえに、心理的な駆け引きまでしなければならないんですか。

というわけで、生まれてこの方、テニスのラケットを握ったこともなければ、ゴルフのクラブに触れたこともない。スポーツなんてものに、この人生はおよそ縁がない。

けれども、普通に健康で体力があれば、やっぱり運動はしたくなる。動けばやっぱり気持ちがいい。というわけで、こんな私が愛好している唯一の運動が、散歩すなわち歩くことというわけである。ルールもいらない、相手もいらない、道具もお金も必要ない。ものぐさそのものの私のような人間にとって、こんなにふさわしい「スポーツ」はないのである。

もっとも若い頃は、やはりウォーキングでは足りなくてジョギングだった。いやマラソンと言ったほうが近いか、一時間二時間は平気だった。スピードもけっこうなものだった。調子よく走っていると、「頭の中身」も調子よく走る。言うところの「ジョギングハイ」というヤツである。私はもともと「哲学的な」事柄、自分とは何かとか、宇宙とは何かとか、そういったことを考えることを愛好しているのだが、そういった哲学的な考えが非常にクリアにスピーディに進むのである。そうやって閃き、捉えた考えや感触が、のちの思索のもととなっていることも多い。なるほど精神と肉体とは同一の事柄の裏表なのだなあと、実感できる時間なのだった。

ところが、その後、大きな犬を生活の伴侶として迎えてから、ジョギングはウォーキングへと移行した。ここ十数年、私にとって「散歩」とは、つまり「犬の散歩」なのである。愛犬家たちが「お散歩へ行く」という、あの散歩である。

愛犬が若かった頃は、彼の運動もかねて一緒にジョギングしもしたが、彼が老いゆくに合わせ、次第にゆっくり歩くようになった。

晩年は本当にゆっくり歩いた。足腰が弱り、足元がおぼつかない老犬は、数歩歩いては、はあと溜息をついて立ち止まる。立ち止まって私の顔を見上げて言う。疲れましたよ。休みましょうよ。

そうやって休み休み歩くのどかなお散歩は、いまにして思えば、体力にまかせて走り回っていた頃よりも、遙かに豊かな時間だった。立ち止まり、二人で風の匂いを嗅ぎ、二人で路傍の花を愛で、二人の絆は一段と深まったような気がする。ねえ、来年の桜も一緒に見られるといいねえ。

十五歳の長寿を全うして、相棒は亡くなった。十五年間来る日も来る日も二人で歩いたいつものコースを、ひとりで歩くのは本当に淋しいものだった。なんというか、うまく間が取れないのである。オシッコするのに道草するでなし、お友達を見つけて駆けてゆくでなし、手ぶらで両手を振って歩くというのは、何か大きな忘れ物を置いてきてしまったような、心もとない感じなのである。ひとりで歩くって、こんなにつまらないものだったかなあ。

そういうわけで、一年間の喪に服して後、先日二代目の犬を迎えた。先代に劣らず、賢くて気立てのよい犬に育ってくれた。まもなく二歳になる今度の相棒は、いま元気の盛りである。私にはもうジョギングの元気はないけれど、知らないコースを開拓したり、車で離れた公園まで出かけたりと、新たな「お散歩ライフ」を楽しんでいる。

思うに、四十も半ばになり、この「お散歩」つまり歩くという行為は、いよいよ私にふさわしい。かつてのように若さの力で、走り、閃き、考えをつかみ取る仕方ではない、じっくりとした思索の深め方が、どうもこの歩くリズムにちょうどいいようなのである。年齢相応というと陳腐だけれども、我々の肉体と精神というのは、そんなふうに互いに互いを測りながら、老いの時間を深めていくような気がする。できれば、そこに、尻尾の生えたお伴がいるなら、それはなお豊かな時間となりましょう。

この子はダンディーという名前です。3歳のコリー犬なんですが、30キロもあります。とにかく気立てがよくて、誰にでもすぐなついてしまう。

犬の力ふたたび

大きな犬を飼っている。

先代の犬を十五歳で亡くして後、一年間喪に服し、やっぱりまた飼ってしまった。犬種も色も同じ、名前も同じに襲名したのは、魂の継承を願ったからである。

願いは叶って、先代に同じ、気立てのよい、愛想のよい、賢い犬に育ってくれた。お腹が弱くてすぐ下痢するところまで同じである。こりゃ本当に先代がそっくり入ったのかしらん。

それはさておき、日本の夏は、年々すごいことになっている。もともと暑さに弱いうえ、アスファルトの地面に近い彼らにとって、これだけの暑さは過酷である。飼い主たちは策を講じて、陽が昇る頃、早い時間に散歩に出るようになる。私もまた、夏の間は五時半起きである。そうして、愛犬とともに自転車を漕ぎ出し、一時間のコースを走ってくる。

が、この夏、そういういつものメニューを変えてみた。少々離れたところにある大きな公園、そこが涼しくてとてもよいと聞いたので、さらに十分早起きして、車で出かけることにしたのである。

それは本当に気持ちがよい。大きな樹木が木陰をつくり、風が芝生を吹き渡り、降るような蟬しぐれはとても都心とは思えない。何よりも素晴らしいのは、走り回る犬たちの喜びである。それを見る飼い主たちの楽しみである。大小いろいろ、色とりどりの犬たちが走り回るのを見ることの、たったそれだけのことの、何がかくも楽しいものか、犬好きでない人にはわかるまい。犬好きにだって、それはよくわからないからである。飼い主たちは皆、我が犬《こ》たちが走り回るのを、ニコニコ笑いながら眺め立っている。

お父さんたちは皆、出勤前である。ひとしきり遊ばせたあと、「ああ仕事に行きたくないなあ」、名残りを惜しみつつ、それぞれの犬を連れて帰ってゆく。きっと、これから始まる忙しい一日、キラキラと輝くものが時間の底に沈んでいることだろう。一服つけながら、ふと思い出したりして。

人の心を完全に無防備にしてしまう、犬の力はやっぱりすごい。いまさらながら、私はそのことを思う。

さあ 仕事をしなければ……

AKIKO

by Akiko IKEDA

自由と規律

犬を放して遊ばせるのは、本当に楽しい。

大小いろいろ、色とりどりの犬たちが、走り回っているのを眺める。たったそれだけのことの何がこんなに楽しいものか、飼っている人ならわかっている。

しかし、都内に犬を放して遊ばせることができる場所は少ない。柵で囲われた小さなスペース「ドッグラン」なら、ちらほらあるが、大きな犬には窮屈で、もうひとつ面白くない。大きな公園のほとんどは、犬の立入り禁止ではなくとも、「放し飼い禁止」

その理由が納得できない。草木を荒らすわけではなく、ウンチを残すわけでもない。飼い主のマナーは向上している。禁止されなければならない理由が見当たらない。唯一の理由が、「嫌いな人がいるから」。これである。これが、飼い主には納得できないのである。

むろん、世の中には犬好きがいるように、犬嫌いもいる。そんなことはわかっている。人にはそれぞれの好き嫌いがある。そしてこれはどうしようもない。だから人は譲り合って折り合うのである。本当は、それが社会というものだろう。なのに、嫌いな人がいる、「だから禁止」は、一方的ではないか。

そう思うから、集う飼い主たちは、辺りを憚って、放すようになる。「辺りを憚って」とは人聞きが悪いが、正しく言えば、「状況を判断して」である。子供はいないか、人は来ないか。そういう所に集う飼い主たちは皆、自分の犬の躾けに自信がある。だけど犬を見ただけで卒倒する、そういう人もいるにはいる。だからそれを想定して、誰もいないのを見はからって、犬たちを遊ばせるのである。

それでも時々、公園管理者に叱られる。通報するのは、これが悔やしいことに、飼わない人ではなくて飼っている人だったりする。自分の犬を躾けていないか躾け損なったかで、放すことができない。我々が楽しく遊んでいるのを見てやきもちをやき、言いつけるのである。「あの人たちは悪いんですよ。規則を守っていませんよ」

その人だって、もし自分の犬が放せる犬なら、放して遊ばせるのは決まっている。立場が変われば、善悪は変わる。だから規則を守ることが善悪なのではないと、私は言うのだ。

他愛ない話で、前置きが長くなった。堀江は法律を犯したから悪いのではないと、前回書いた。同じことである。人間は自由にすると悪いことをする、だから規則で規制しなければならない。管理する側はそう思う。しかし、規則で規制したところで、悪いことをする人間は、悪いことをする。逆に、善悪とは規則のことだと思うから、自分で善悪を判断しなくなる、できなくなる。状況に応じて自分で善悪の判断のできない人間たちの社会が、善い社会になるわけがない。

誰も自分が気持よくすごしたいと思っている。右の例で言えば、飼い主は事故を起こせば自分が面倒だから、事故を起こさないように自分を規制するようになる。ほっといたって、人は自律的になるのである。しかし管理する側にすれば、面倒が起こる前に規制したい。自分が面倒だからである。しかしそういう態度は、人間を賢くすることがない。社会の成熟を促さないのである。

私は法律を守ろうと思ったことなどない、結果として守ることになっているだけだとも書いた。今回は逆である。私は規則を尊重しようと思う、結果として破ることになっているだけだ。守っても破っても同じである。私にとって規則とは、しょせんはそんなものである。なぜなら、社会的な規則には、私の自由、状況に応じて善悪を判断する自由を規制する力はないからだ。そんなものが私の自由を規制するなどできないからだ。

ソクラテスの言う通り、悪法も法である。悪法も法だから守らなければならないというのではない。この世の法なんてものに善悪はないという、あれは強烈な皮肉《アイロニー》なのだ。「規制緩和」で浮かれているから、ホリエモンみたいなのが出てくる、これもアイロニーである。

絶対安全人生

生きている者は必ず死ぬ。

先のことはわからない。

これが人生における最大の当たり前、すなわち「常識」であることは、すべての人が認めるだろう。我々がこの世に生きているということは、すなわちこれらの常識である。そしてこれらの常識は、我々が生きているということは本来安全ではあり得ない、それ自体が危険なことであることを告げている。生きているということは、常に必ず危険なのである。

ところが多くの現代人は、これらの常識を常識として認めることをしない。より正確には、認める以前に忘れている。自分はいつまでも生きているべきだと思っていて、思わぬことが起こるものだとは思っていない。だから、いざ自分が死ぬという時に納得できず、思わぬことが起こると腹を立てるのである。当然、納得できず、腹が立つそのことを、何かのせいにすることになる。せいにされるのが、他人であり社会である。生きる安全を脅やかし、危険をもたらしたのは社会だ。危険を防げなかった社会のせいなのだという、これが現代人の基本的態度である。

しかしこれは間違いである。人生が危険なものであるのは本来であって、べつに社会のせいではない。生きている者は必ず死ぬし、先のことはわからないからである。人生の安全を社会に求めること自体が間違いなのは、それがそもそも不可能だからである。

あえてかくも原理的なことを述べているのは、さる読者への返答である。ちょっと以前、「自由と規律」と題した文章で私は述べた。公園内で犬を放してはならないという規則を、私は必ずしも守らない、なぜなら安全と危険を自ら判断する自由が私にはあるからだ。各人が状況を臨機応変に判断して行動するのが本来であり、先に規則で規制するという態度は、人間と社会の成熟を促さないと。

そしたら、読者の方から投書が来た。そういう危険なことはするべきではない、じじつ私は公園で犬に噛まれて重傷を負った。自身愛犬家でもあるが、「百パーセント噛みつかない」と言い切れない限り、規則は守るべきである。ルール無視を助長させかねないかの文章を訂正せよという主旨である。

私がルールをあえて無視するまさにその理由を述べた文章への反論なので、じつは返答は必要ないのである。そもそも読めてないからである。お引取り願おうと思っていたが、「訂正せよ」が再三にわたり届くので、いま一度ご説明致します。

「百パーセント噛みつかない」「百パーセント安全である」は、我々の人生には存在しないという大常識を、思い出して頂きたい。犬が百パーセント安全でないというのなら、人間はどうなのか。「普段はおとなしくても、ある特定の人や状況、背中を向けて走った、からかわれた、蹴るような仕草をされた、などに反応する場合もある」と、その方は想定して列挙している。それなら、その同じ場合に、人間が反応することは百パーセントないと言い切れるのか。普通に道を歩いていたら、普段はおとなしいが頭のおかしな人間が、勝手に反応してくることは絶対にないか。あなた自身はどうですか。人にからかわれて蹴られても、百パーセント怒らない、殴り返すことなど金輪際ないと、言い切れるのですか。

　他人が何をするかわからなければ、自分だって何をするかわからない。人生の状況は、一瞬として同じではない。先のことはわからないのである。だからこそ我々は、状況に応じてその善悪を、自由に判断するべきなのであって、規則に判断を委ねるべきではないのである。規則に判断を委ねてしまうと、人生は本来が危険なものだという常識を人は忘れる。いや忘れてしまいたいからこそ、人は規則を求めるのだが、それでは本来の人生を生きたことにならない。それでも絶対安全を求めるならば、家から一歩も出ないことだ。

　繰返し言う。この世に百パーセントは存在しない。絶対確実百パーセントは、我々の死亡率だけである。

大地震を待つ

大地震がいよいよ近いという、もっぱらの噂である。先日の防災の日の前後にも、テレビなど熱心に防災意識を鼓吹していた。

なんでも首都圏直下型の場合で、死者数万人だそうだ。倒壊する高層ビルや炎上する高速道路などのCG映像もかなりリアルで、不安をあおる。これは政府が何か情報をつかんだのかも。そういう気持にさせられる。「危機管理意識」というのが致命的に脱落している私のような者すらも、通販で見かけた非常持出しリュックなるものを購入するようになっているのだから、その効果はなかなかである。

とはいえ、届いたリュックの中身など見てもいない。なんでも防煙マスクだとか、何じゃら酸素だとか入ってるらしいのだが、そんなの事前に使い方を知らずに、そのとき使えるわけがない。そうわかってはいても、なかなかそんな気にならない。まあいいじゃないの、その時はその時よ。

使えもしないそんなもの、担いで逃げてどうするつもりなのか。要するに気休めである。大量のミネラルウォーターと若干の保存用食糧を買込んだのは、つまり犬のためである。喉が渇いてひもじいのは気の毒なので、それで犬の分を備蓄することにしたのである。私は別にどうでもいい。どうにかなる、というより正確には、やっぱりどうでもいいやと感じてしまう。「サバイバル」という発想を、どうもうまくもてないのである。

なるほど、大地震がくるかもしれない、大地震で死ぬかもしれないというのは、それなりに不安ではある。けれども冷静に考えてみれば、地震によらなくても人は必ず死ぬのである。「必ず死ぬ」というこの絶対的事実の側から見れば、いつどこでどのようにして死ぬかは問題にはなり得ない。必ずそうなることがそうなったというだけのことだからである。死ぬものが死ぬことが、なんで問題なのだろうか。論理の側から現象は、常にそんなふうに見えるのである。

私はこの人とずいぶん体質が似ていると感じるのだが、ヘーゲルの叙述の中に、こんな条りを見つけて笑ったことがある。『大論理学』第一巻「存在論」の章である。

〈人間は心情のうえでも、そのような抽象的普遍性の境地に高まるべきである。存在と非存在、すなわち自分がその有限的生命の中に在ろうが無かろうがどうでもよいというような境地である。ホラチウスは、たとえ天が崩れ落ちてこようとも平然とその破片に打たれると言った。この超然たる態度を我々は心がけるべきである〉

まあいつの世にも似たような人というのはいるもので、この人にもやっぱりサバイバル精神がない。自分のことを絶対精神だと思っている人に、なんでサバイバル精神が必要だろう。平たく言えば、「存在と無」すなわち「生と死」の論理的構造について、普段からきちんと考えておけ、そしたら何を慌てることがあるかと、この人は言ってるのである。

じっさい、いつどこでどんなふうに死ぬかということは、自分には決してわからない。どうしようもない。このことは改めて考えてみると凄いことだ。人は自分の人生は、自分の意志で、自分で選択して生きていると思っているが、そんなのは大ウソだということが、この事実で端的に理解される。生まれることを選べなかったし、死ぬことだって選べないなら、人生が存在することそれ自体は、全く自分の意志ではない。それなら誰の意志なのか。いや意志なんてものはあるのか。ジタバタしたってしょうがないという境地に、どこから考えてもなってしまうのである。

何もかもが意志的に人為的に統御できると思っているのが現代文明である。この根本的大間違いの上に築き上げられてきた近代巨大都市である。しかし、人間の意志など知ったことか、自然は一撃でそれを壊滅させるだろう。我々は自身の勘違いを、痛く思い知るだろう。それを思うと私は、意地悪くも、ちょっと愉快な気持になる。物わかりの悪い現代人には、大地震くらいちょうどいいのかも。

犬の命と人間の命

空前のペットブームの陰で、殺されてゆく犬猫の悲惨をルポした『ドリームボックス』（小林照幸著）という本を読みました。「ドリームボックス」とは、炭酸ガスで「眠るように」、彼らを死に至らしめる装置を言うそうです。「動物愛護センター」にて処分されるその数は、年間四十万頭にのぼるとか、もう、たまりませんね。

好きで飼い始めた犬を「飼えなくなった」「病気になった」「飽きた」という理由で、「引取り」すなわち「殺処分」を頼みにくる人間の精神構造を私は疑います。我々は彼らを選べたけれど、彼らは我々を選べなかったのだ。だから我々には彼らを最後の最後まで世話する絶対の義務があるのだ。それができないどころか、自分から保健所に持込んで事足れりとするなどとんでもないことだ。どうしてもそうしたいなら、他人にやらせずに主人自らの手で殺せ。そういう強い言葉が抑えようもなく出てきます。

だってね、あなた、自慢じゃないけど、私の先代の愛犬の介護に明け暮れた二年間など、その苦労は並大抵じゃなかったわ。なにしろ三十キロの大型犬である。足腰が弱ってきたら、腰バンドで吊り下げながら必死のリハビリ、これが重い、遂に寝たきりになったら、オムツ交換、体位変換を一時間毎、そこへもってきて、ヘルニアで自力でウンチができなくなっていたから、毎朝欠かさず摘便である。犬の尻の穴に指を突っ込んで、ウンチを掘り取るのである。朝の清浄な空気の中、あまりの臭さに目が覚めましたわ。

どうしてそこまでしたのか、できたのかというと、一言、彼を愛していたからです。十五年の生活を共にして、我々の絆はいよいよ深くなっていたからです。幸い最後までボケなかったから、朝、目が覚めて、変わらずにそのキラキラした瞳で私を見て喜ぶ彼を見ると、よし、きょうもやるか！　そういう気分になったものです。過労で倒れて入院したこともありますけどね。

昨今のブームで、自分の犬に服を着せ飾りをつけてはしゃいでいる人たちを見ると、正直なところ、この人たちにそれができるだろうかと訝《いぶか》ります。あなた、その犬《こ》の摘便、できますか？

案の定、かの施設に送られてくるのは、はやりのチワワやダックス、ゴールデンレトリーバーが多いらしい。ひと通り遊んだら、飽きてしまうらしい。ゲームかオモチャの感覚で、手間のかかることなどしたくない。それがひとつの命である、喜びも悲しみも知っている命であるという認識が、完全に欠落しているのです。

だから私は、犬の見てくれを気にする人には、最初から不信感があります。なるほど服を着せれば犬は愛らしく見える。しかし、犬が愛らしく見えるということと、犬を愛するということは、一切関係ないことです。

私は先代が亡くなって一年後、二代目を飼うことを決め、あるブリーダーの所へ探しに行きました。ある母犬のお腹にいるうちのオスの黒い仔を下さいと頼み、その条件ではたまたま一頭しか出なかったその仔に、目もあかないうちに先代の名を襲名しました。そして、その成長を楽しみに通っていたのですが、目があいてしばらくのある日、その仔の目つきが少し変なことに私は気がついた。どうも遺伝病らしい。いつか失明するかもしれない。先方は、取換えてもとおっしゃる。

そんなことを言ったってあなた、名前までつけて、私の犬だと思っていたもの、不良品だから交換して下さいなんて、言えるもんですか。私が引取らなきゃ、誰が彼を引取るんですか。盲導犬ならぬ盲犬介護の生活は大変だろうなあ。ずいぶん悩みましたけど、えい、これも御縁だ、引受けよう。愛犬の御杖《みつえ》となって生きてゆこう。

幸い、若干の弱視はあるものの、失明の危機を乗越えて、彼は元気に暮らしています。見てくれで犬を選ぶ愛犬家の皆さん、あなたにこれだけの覚悟がありますか。

「本物の愛犬家」の私としては、ひとりひとりにそう質《ただ》したい。愛犬道は、そんなに甘いもんじゃない。ウンチにまみれ、シッコにまみれ、命預けますと預けてきた命をしっかりと預かり、最後の最後までその職務を全うするべきものです。だから私は軽薄なペットブームのあおりで、「お犬様お元気？」などと言われると、大変にカチンとくる。冗談じゃない、覚悟が違うわよ。

お前みたいのを銀の匙《さじ》をくわえてきた子って言うんだよ。私は彼によくそう言いますが、それに比べて、ああ、「ドリームボックス」に送られてゆく幾十万の命の何と悲しいことか、「殺処分」に値するのは逆なんじゃないのか。

すでに飼ってしまった阿呆な飼い主を教育することは不可能です。阿呆な飼い主に飼わせないようにするしかないのです。私は子供の頃、何になりたいなんて思ったこともなかったけれど、じつはひとつだけ、思っていたことがあります。誰にも言ったことがない。「大きくなったら、仔犬屋さんになりたい」。

「仔犬屋さん」とは、はたして何か。今思うと、ペットショップかブリーダーのことでしょうが、「繁殖」というのはどうももうひとつだし、ペットショップは商売だ。もし私が今それを始めたら、気に入らない客には絶対に売らないから、これは商売になりませんわ。

そう思っていたら、動物愛護の先進国イギリスでは、げんにそういう制度になっていると聞きました。イギリスではペットショップというのは存在せず、欲しい人はブリーダーのところへ直接買いに行きます。そして、ブリーダーが飼い主の人柄や生活状況などを見て判断し、オーケーとした人にだけ、譲渡するのだそうです。これは全く理にかなっている。阿呆な飼い主の下で不幸な犬を出さないためにはこうするしか方法はないはずです。我が国でも、この方法を制度化する手立てはないものだろうか。

人間社会のことだけで大変なのに、犬のことなんかかまってられますか。そう言う人も多いでしょう。しかし同じことです。命を粗末にする、命を商品化する、どれも人間社会に起こっていることそのものじゃないですか。こんな話を聞いたことがあります。タイタニックが沈没した時、一頭の犬をボートに乗せるかどうかでモメ事が起こった。その時、ある紳士がこう言ったそうです。「もし我々がこの犬を救えないなら、我々の誰も救われる資格はない」

わかりますか？　本当に大事なことを守るとは、そういうことであるはずです。

by Akiko IKEDA

「彼」と出会えた奇跡

前回に続き、犬の話から。

そういうわけで、私は二年間の大変な介護の末に、愛犬を見送りました。大型犬としては稀に長寿な十五歳、やれるだけのことはやったつもりだったけれども、もっとしてやれることがあったのではないか、あの時疲れて叱らなければよかった、あの時の彼の悲しい顔など、思い出され悔やまれるようなことも、その後しばらく続きました。

何よりそれは、端的に悲しいことでありました。誤解を承知で言いますが、親が死ぬのはある意味で順番です。しかし、犬が死ぬのはちょっと違う。彼らは我々よりも後にやってきて、そして必ず先に逝くわけですね。犬の寿命が人間のそれよりはるかに短いのは、なるほどこれも自然の定めではありますが、ひとつの命の誕生から死亡までを見届けるというのは、しかも深く愛していたその者を見送るというのは、やはり悲しいものだなあ。だから、子供に先に逝かれてしまった人の悲しみがどれほどのものか、これは思うにあまりあります。

ペットロスから鬱になる人もいると聞きます。わからない気がしないでもないけれど、私はそのような仕方で深刻にならなかった。確かにしばらくずいぶん悲しみました。悲しみで食べ物が喉を通らないという経験は初めてで、物理的に嗚咽《おえつ》の固まりみたいなものが喉にふさがっていて、それで喉を通らないんですね、あれは。でも、そうやって悲しんでいるうちに、気持に少しずつ変化が生じてくるのが感じられるようになる。

出会えたということだけで、素晴らしいことだったじゃないか。

そうした方向へ、気持がだんだん開いてゆくんですよ。

なるほど彼とはもう二度と会えない（のかもしれない）、それはとても悲しい。しかし、会えたということは、会えなかったのかもしれない（それは言えない）のに会えたということなのだから、これは奇跡的なことじゃないか、素晴らしいことじゃないか。

そうして、出会えた彼と、出会えた縁への感謝に似た気持が悲しみに代わるようになった頃、同時に、彼は死んだけれども、いなくなったわけではないという深い確信も訪れていました。

死んだけれどもいなくなったわけではないという言表が、正確に何を言っているのか、私にはわかりません。何かお化けとか霊とかそんなものとして存在しているという意味でないことは確かです。そうではなくて、何というか、要するに全部つながっているじゃないかという感じでしょうかね。何かの御縁で出会えたのだから、その御縁のままにつながっているじゃないかと。

その彼（誰？）が、「今」「どこで」「どんなふうになって」「何を」しているのか、私には皆目わかりません。わかりませんけれども、御縁であることにおいてすべてつながっているという、何かこう大きな安心のようなものが、あるんですねえ。

犬猫に死なれるのは悲しいから、もう飼わないという人と、それでもやっぱり飼ってしまうという人の、ふたつに分かれるようです。私もやっぱり後者でしたね。一年間の服喪の後、新しい仔犬を迎えました。たとえ定められた短い時間でも、愛し合える時間をもてるということは、ありがたいことだと思うからです。

死なれるのは悲しいから飼わない、というのは、振られると悲しいから恋はしない、というのに似ているのだろうか。これはちょっと淋しい感じがする。明らかに変だと感じるのは、それより、死ぬのはイヤだから生まれなきゃよかったというあれですね。どうせ死ぬのに何をしても虚しいじゃないか、こういう言い方をする人がいますよね。これは違うのじゃないか。「どうせ死ぬ」という言い方をする限り、生きていることに何がしかの期待はもっているわけです。だって、生きるも死ぬも当たり前のことのわけで、その当たり前のことに「どうせ」という態度をとるのは、じつは期待をもっているということの裏返しに他ならない。それなら、どうして素直にその期待や希望を追おうとはしないのか。

これは言うまでもなく、失うことへの恐れでしょう。死んだらすべて無になって失ってしまうと思っているのです。むろんその通りです。死んだ後には、この世のものはすべて失われてしまう。しかし、同じく、死んだ後にはこの自分も失われているわけだから、それなら、失われるものが失うなんてことは、ないじゃないですか。失うなんてことは、そもそもないことじゃないですか。

だから、失うことを恐れて何もしないというのは、じつは理由になっていないんですね。存在するのは現在だけだから、何ひとつ失われない。愛を失うことを恐れて、愛することをしないなんてことをする必要は、全くないんですよ。

たまたま愛犬の例から入りましたが、これは人間同士のあらゆる関係について言えることです、当たり前ですが。親子、夫婦、友人同士、生まれてくるものは必ず死ぬのだから、出会ったものは必ず別れます。生まれるということは、すなわち死ぬということであり、出会うということは、すなわち別れるということです。それはもう最初から（いつから?）、決まっていることなんですよ。これは、いっけん悲しいことのように見えますが、よく考えると、どうもそれだけのことではないようだ。

だって、そもそも、我々、どうして存在していると思いますか。

これ、よく考えるどころか、いくら考えたって、わかりません。どうして存在しているかと問えば、ある種の科学的考え方をする人は、宇宙が存在して生物が進化してきたからだと答えるでしょう。でも、じゃあどうして、そもそも、その宇宙は存在しているんですか。

やっぱり、これ、絶対的にわからないことなんですよ。どうして存在するかわからない宇宙が、どうしてか存在し、そこで我々が生まれたり死んだりしているということは、とんでもないこと、正当に奇跡的なことなのです。人と人とが出会うということは、本当に奇跡的なことなのです。この奇跡の不思議に感嘆した昔の人は、「一期一会」と言いましたが、私はこの同じことを「僥倖」と言ってみたりもします。

失われるということはありません。失うと思っているその自分というものが、じつは存在していないもののようだからです。存在が存在し、すべては御縁でつながっているのだから、別れることを恐れるより、出会えたことの僥倖を味わいたいと、私は（誰は？）思うものです。

人間を衝き動かす不可解

「そんなのは、しょせん好みの問題じゃないか」と、我々はよく言います。つまり、好き嫌いは個人の主観の問題で、そういう主観的判断を、大事な場面にもちこんではならないという意味です。子供はまだしも、いい大人が、好き嫌いなんてものを判断の基準にしてはならないと。

しかし私は、この「好み」という問題を、人は甘く見ているのではないかと思う。よくよく考えると、この「好み」というヤツ、人間の各種の精神作用のうちでも、とくに不可解なものであって、最終的に説明不能のものとして残るのはこれなのではないかと、私などは思うものです。

前回は、普遍的理性と科学的知性は異なるといった、抽象的な方の精神作用について言及しましたが、そういうのがピンと来ない人でも、この「好み」の話なら、必ず思い当たるはずなのです。

我々は日常ごく普通に、それも実はほとんどしょっちゅう、何かについて「好きだ」「嫌いだ」と判断しています。口に出しては言わなくても、心の中では絶え間なくそれを感じています。ところで、ごく単純な問いなのですが、「なぜ」、我々はその何かを好きだと感じ、別の何かを嫌いだと感じるのでしょうか。好き嫌いはどのようにして決まっているのでしょうか。たとえば好みの異性、あるタイプの顔がどうしても好きだと感じる、しかし、どうしてそれが好きなのか。別の顔ではイヤなのか。

無理に理屈をつけようとすれば、初恋の人の顔がそうだったからとか、憧れの女優に似ているからとか、なんとか説明することはできます。しかし、そもそもその初恋の人や女優の顔を「好き」と感じたのは、なぜなのか。目の形がこうで、鼻筋がこうだから、「だから」好き、と言っても、「なぜ」それが好きなのか、やっぱり答えにはなっていない。「好き」の理由を、記憶や経験に求めてみても、どうもうまく説明できない。「好きだから好き」としか、人は言うことができないようです。

食べ物の好みなんかは、相手の人柄など心理的要素が加味されないぶん、もっと端的に出ますよね。どうしても嫌いで、食べられないもの、鶏肉が苦手だとか、コンニャクはたまらんとか、どうしてそんなものがというものが、どうしてもその人は嫌いだ。匂いがイヤだとか触覚が好かんとか、言えば言えるのでしょうが、その「好かん」のはなぜなのか、当人にも不明なことが多い。反対に、「だから」好きだという人も大勢いるわけです。

さらにわかりやすいのが、動物に見られる好き嫌いです。たとえば犬に初めての食物を与える場合、彼らは即座に自分の好き嫌いを示す。煮魚はイヤ、「プイ！」、生魚は好き、「頂戴！」。

これは、どうしてなんでしょうね。「ウチの犬はこれが好きです」と何気なく言いますが、ある犬の好みとは、記憶や先入見ではないのだから、これはいったいどこから来たのか。

犬同士が道端で出会った時、すぐさまうち解け合うのと、たちまち喧嘩になるのがいる。これなど、私は犬と暮らしてずいぶんになりますが、未だに理解できません。「合う」「合わない」ということで、飼い主たちは納得していますが、私にはわからない。この「合う」「合わない」とは、そもそも何なのか。動物にすら存在するこの「好き嫌い」とは、いったい何か。

これを人間の場合で言うなら、まあ「虫が好かない」というところでしょうね。どこといって明確な理由はないのだけど、気にいらないヤツ。「生理的に」合わない、「体質的に」好かないと、理由が見つからない我々は、苦しまぎれに言ってみたりします。好き嫌いの出所が不明瞭だということは、誰もが感じているのでしょう。

だから、そういう不明瞭に主観的なものを判断の基準としてはならないと、一般的には戒《いまし》められるわけですが、しかしこれは不可能でしょう。だって、恋人ひとつ取ったって、明らかに好みで選んでいるし、日々の食事の好き嫌いは明瞭だ。何より、我々全員、今の職業、今の人生、そしてこのものの感じ方と考え方、自分の好みに従って選んできたもの以外の何ものでもない。これが好きで、あれは嫌いだ。人生の根底にこの情動的選択が働いているのでなかったら、現在の自分はあり得なかったはずだからです。

しかしだからこそ、人間は常に客観的中立的に判断し、生きるべきなのだと言う人はいるかもしれません。あるタイプの科学者や道徳家など、そうかもしれません。しかし、そのように客観性を求め主観性を排すという態度自体が、その人の好み以外ではあり得ない。そういう態度は窮屈でイヤだと感じる人もいるからです。すると、なぜその人は、好みというものを嫌うことを好むのか。この嗜好性は決して中立的なものではない。この嗜好性はどこから来たのか。

こんなふうに気をつけて見てゆくと、人間万事、この世のすべて、じつはこの「好み」という恐るべき主観性によって成り立ち、また動いているものだということがわかるでしょう。人間をその根底において衝き動かしているものは、これが好きで、あれが嫌いだというこの不可解な情動であって、決して主義や思想やイデオロギーではないのですよ。

ちょっと見には、何らかの思想やイデオロギーが世界を動かしているかのように見えますが、それらは、それらに従う人間があってこそのそれらです。なぜある人間がそれに従うかというと、それを好ましいと感じるからでしかないですよね。理屈が正しいから従うなんてのはウソで、理屈が正しくても虫が好かなければ、人は決して従うことはしないんですよ。

たぶん哲学者というのは、この理屈と情動とが一致している方の人種でしょう。私なんかは明らかに、正しい理屈が好きで、間違った理屈が嫌いだ。そして、正しい理屈を言う間違った人というのは間違っているから、正しい人が好きで、間違った人が嫌いだ。高潔な人が好きで下劣な人が大嫌いだ。「どうして」下劣な人が嫌いかと問われても、下劣だから嫌いだとしか、私には言いようがないんですよ。嫌いなものはどうしても嫌いなんですよ。

だけど世の中には、高潔な人が嫌いで下劣な人が好きだという人が、確かに存在する。だから不思議なのだ。この好み、すなわち「趣味」というものの不思議、もっと考えてゆくと、もっと不思議なところに出られます。

犬の力にヤラレる

今次のペットブームというのは、これまでのそれを上回るもののようで、年間六十万頭の割で、飼い犬が増えているそうです。飼われている犬の数となると、一千万頭とか、これは人間の子供の数よりも多い。じじつ新たに飼い始める人は、未婚の若い女性や子供のいない夫婦が多いらしい。感覚としては、尻尾のある子供を飼い始めるという感じでしょうね。

仄聞《そくぶん》するところ、その飼い方や育て方、暮らし方は、私が先代の犬を飼い始めた二十年前よりも、ずいぶん様子が違ってきているようです。ペット用品の進歩や充実など、目を見張るものがあるし、飼い主の意識の向上、つまりマナーやしつけ方も、本気のものとなってきている。

だって、「ペット」というと、いかにもペットでしょう。気まぐれに愛玩して、傍らにはべらせておくような、そういう関係って、私イヤなんですよ。あくまでも対等、対等に話し合える友人の関係でありたい。そう思っていたら、最近はそういう思想を反映してか、「ペット」と呼ばず、「コンパニオンアニマル」と呼ぶそうで、まあこれはちょっと気取りすぎの感はありますが、言わんとするところは当たっていますね。

なにしろ、一昔前は犬を飼うと言えば、軒先につないで、割れ鍋にぶっかけ飯とか、そういう状況だったわけで、その場合の彼らの役割と言えば、唯一「番犬」としての機能です。不審な人を吠えて知らせる。人はそのために犬を飼ったわけで、ここに対等の友情の関係は難しいですよね。その後、住宅事情も手伝って、彼らは室内で飼われるようになり、次第に「家庭犬」の地位を獲得することになったのですが、これは偉大な進歩であると言えましょう。人は、犬なんだから外でいいだろうという思い込みから自身を解放し、別の生き物と寝食を共にする楽しみと喜びとを発見したわけです。

別の生き物と寝食を共にすることが、なぜかくも楽しいことなのか、いろいろ思うところはあります。まず挙げられるのが、相手が言語を話さないということの新鮮さでしょうね。話さないにもかかわらず、常に何かをこちらに伝えようとしている。何を伝えたいのか。逆に彼らはこちらの言語を理解の範囲では理解しているので、こちらは言語により確認しつつ、少しずつ彼らに接近することができる。そして我々の間には独自のコミュニケーション体系が構築され、より堅い友情を築くことが可能になるわけで、これはたぶん子育てに通じる楽しさでもありましょう。

次にはやっぱりスキンシップ、体と体の触れ合いですねえ。毛の生えた生き物、「ケモノ」を撫でたり抱いたりするのは、本当に心が和むものです。私は何かで腹が立ってしょうがない時なんか、日がな一日、犬の頭をツルツル撫でているのですが、これ本当に血圧が下がります。

測ったから本当です。病院を訪問して、疲れた人々を癒やす「セラピー犬」も活躍しているようで、テレビで見たことがありますが、無表情な認知症のお年寄りが、犬の頭を撫でるうちに、ニコニコ顔になっていた。

これがまさに最大の理由、私がかねてより言うところの「犬の力」です。人の心の強《こわ》ばりを解かし、無防備にしてしまうその魂の力、我々はこれに惹かれるのです。ヤラレるのです。彼らはただそこに居るだけで、何をしているわけでもないじゃないか、犬を知らない人はそう言うかもしれません。まさにそれがそのことなのです。何もせずにそこに居る、そのことだけで人の心を癒やしてしまう。そういう存在として、彼らは存在しているのです。どこでそんな力を身につけてやって来るのか、神様のはからいだとしか私は言えません。犬は神様が人間のために創られた生き物だというのが、私の持論です。

それで、そういう「犬の力」に目覚めてきた人々による昨今のペットブームは、軽薄なブームでなければ、けっこうなものではないかとも思うのですが、時々やっぱり、妙な勘違いの分派も出てくるようで、子育て感覚で育てているうちに、より賢い犬にしたくなってくる。むろん誰も自分の犬を賢くしたいと思うものですが、なんですか、「知育玩具」「IQテスト」「犬の幼稚園」、これ、「賢い」の意味が違うんじゃないですかね。

「賢い」というのは、人間も同じ、「頭がいい」というのとは少々違う。IQとかあれこれの技能のことではなくて、ある種の優れた全的な質みたいなものです。勉強ができなくても賢い人がいます。しかし受験秀才にはこのことがわかりません。お受験ママたち、お受験のノリで自分の犬に接してるのかな。

自分の犬を賢くするには、愛情をもって接することに尽きます。それ以外にハウツーなんかあるわけがないというのも強い確信であります。そこそこ犬を飼ったことのある人は、誰も自分の教育論をもっていて、しかもそれが一番だと信じているものですが、私もそう、犬は愛情がすべてです。愛情をかけられない犬は、死んでいるも同じです。犬は、愛情、つまりこちらの心をかけてやればやるほど、心の細やかな犬になるんですよ。

先代の犬など、私が落ち込んでいると、ふと傍らにやってきて、私の膝に手をかけたものでした。「元気出して」。もうたまりませんでしょ。

私は、賢さというのは、必ずこの種の優しさを含意するものだと思います。賢く優しく思いやるこの性質、主人の心のヒダヒダを読み取る細やかな心、犬の鑑だと、私はいよいよ愛したものです。

そうやって考えると、犬の力の可能性には、全くはかり知れないものがある。こちらが心をかけ、話しかけ、愛情をうんとかけて接すれば、さらにどれほど彼らの心は開かれてくるものか、予想がつかないと言っていい。じっさい、頭だっていいですからね。その言語習得能力は大したもので、物の名前なんか、一度教えれば一度で覚えた。センテンスもかなりいけた。「きのう公園に行った」と「あした公園に行こう」の違いを理解していたので、次は時計とカレンダーを教えようとしたら、さすがにこれは無理でした。あはは、私もけっこう知育教育にハマッてた時期はあるんですよ。

彼らの可能性が全的に開花したら素晴らしいなあ。こちらの言語を完全に理解し、心を読み、忖度《そんたく》し、思いやり、心配し、理解されないことの微かな悲しみをも内に秘め、なお人を愛し。まるで理想的な人間みたいで、こっちが恥ずかしくなりますよね。

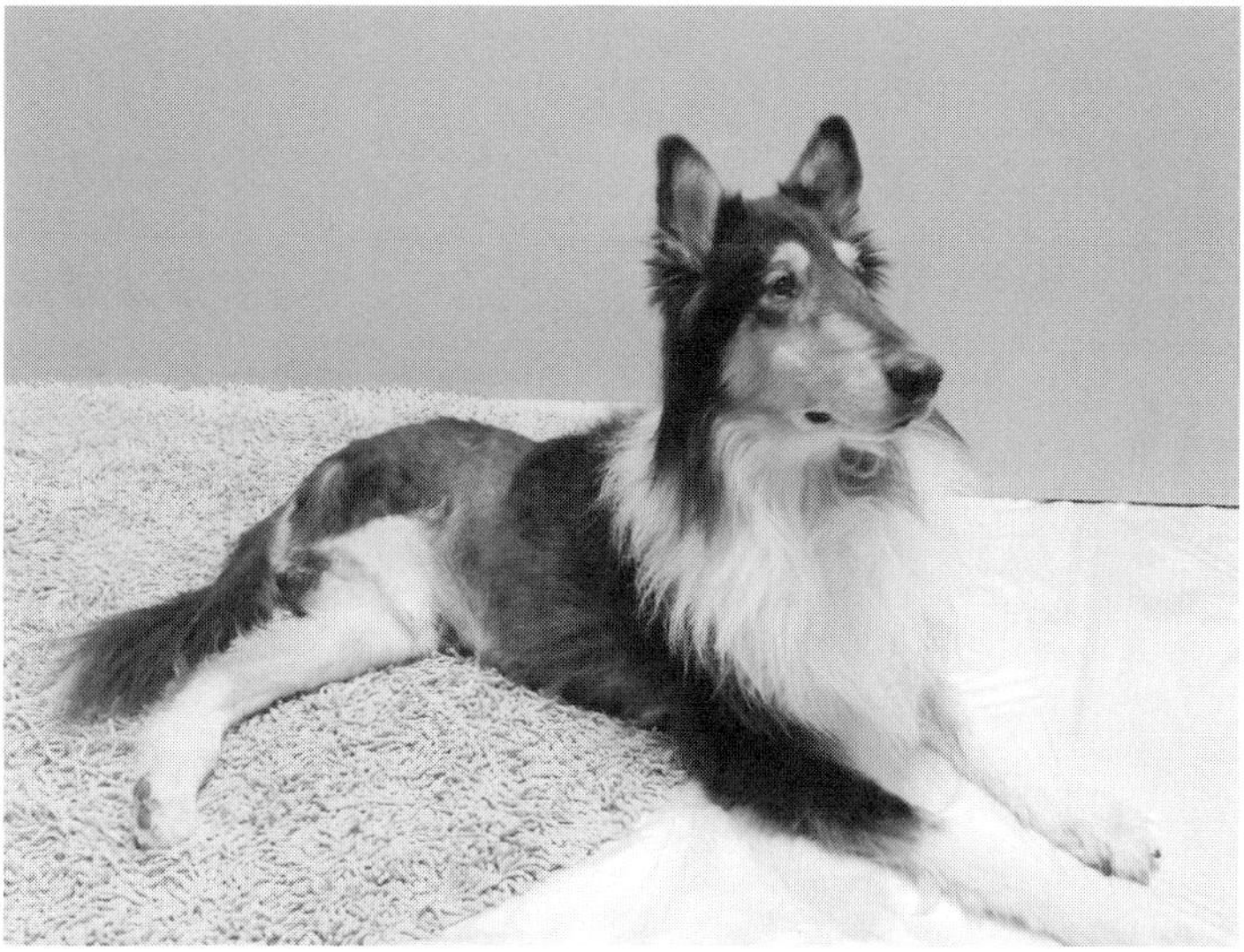

大好きなママを３歳のときに喪った「苦労人」のダンディーⅡは、晩年には癌の全身転移で右後肢を失ったが、持ち前の愛嬌と切替えのよさで、みんなに可愛がられながら快活に「犬の人生」を全うした。エピキュリアンとは彼のようなことかもしれない。

寒い！

なんて寒い冬だろう。

私は冷え性が半端でないので、寒いのはもう本当にイヤである。もとが出不精だから、とくに用がなければ、まず外には出ない。こんな冬はなおさらである。

ところが、どうしても出ないわけにはゆかない用がある。毎日の犬の散歩である。夕方はまだいい。辛いのが朝である。しかも、歳のせいか、このところ眼が覚めるのが早い。五時すぎには起きている。所在がないので散歩に出ようと思うのだが、外は真っ暗、糸のような月が、枯れ木立ちの先に引っ掛っているのが見える。

ああ寒そうだなあ、イヤだなあ。さんざん二の足を踏むけれど、午前中に終わらせたい仕事のことを思うと、ぐずぐずしてもいられない。ウールのタイツをはく。自衛隊御用達厳冬期仕様のソックスを重ねる。そのうえにユニクロの裏フリースパンツである。そして毛皮のジャンパーを着て、ダウンのロングコートを羽織り、手袋、帽子、マスクで仕上げ、私はエイヤと自転車にまたがる。月光仮面である。お伴には謎の黒犬を連れている。

公園の噴水が凍っている。犬が霜柱を踏みしだく音がする。そうやって一時間のコースを漕いで帰ってくると、爪先は痛いくらいに冷たい。熱いお茶をすすりながら、仕事机の足元に仕込んである足温器の中に潜り込むと、ああヤレヤレ。ホッと緩んで幸せになり、何だそのまま寝てしまうのである。もうこれだから、冬はちっとも仕事にならない。

仕事しないことの言いわけ。夏には夏の言いわけがある。

それはさておき、この寒さである。寒い寒いと文句を言いながら、でもどこかで冬は冬らしい方がいいと感じている。このところの暖冬に慣れた身にはこたえるけれど、やっぱり冬はこうでなくちゃ。あの大変な雪国でなければ、そう思う人は多いのではなかろうか。

何よりもそれを示すのが、デパートの売上げである。陽気と景気は密接と聞くが、冬らしい冬、夏らしい夏は、衣料品を始め、季節商品がよく売れるとか。つまり人は、買い物をすることで、季節の到来を楽しんでいる。人は、季節が季節として巡るのが、やっぱり嬉しいのである。これはどうしてなのか。

たとえば時候の挨拶、「寒さ厳しき折」、そういう時節に、そういう言葉を書くことができるということは、ひとつの深い安心である。わかりきったことに、人は安心を覚えるのである。ああ、何にも変わってないんだな。

あるいは年賀状、人は「今年もよろしく」と書く。「何を」よろしくなのか。わかりきっている。虚礼である。しかし人は、「これまでがそうであったように、これからも」。そういう希望をそこに託す。お互いが無事でありますように。

人生の一回性、喜びも悲しみも、一回きりの経験である。そういう経験の総体としての人生というものそれ自体が、一回きりのものである。一回きりで過ぎてゆき、二度と戻らないものである。このことを人はわかっている。深いところで誰もが了解しているのである。だからこそ人は、過ぎてゆかないものを求める。過ぎてゆくものにおける過ぎてゆかないもの、過ぎてゆくけれども巡るもの、を求めて、見出し、嬉しいのである。「今年も花が咲きましたね」と、言えることの幸せ。

ゆえに、季節とは、過ぎゆく人生の句読点のようなものだろう。一回性における永遠性、永遠の循環性を見出す時、人は、自分が自分の人生を生きていることの奇跡をも知るはずである。ああ私の人生はこのようでしかあり得なかった。何もかもこれでよいのだ。永遠的偶然。偶然的現在。

だから一期一会なのである。「今年もよろしく」の年賀状が、年々歳々「在り難い」。毎年欠かさず下さる方から、今年は届くことがなかった。さようなら。またいつかどこかで巡り会いましょう。

きのう、夕暮れの枯れ木立ちに沈む陽の光が、こころもち力強くなっているのを発見した。

出所一覧

本書への転載は、２０１５年８月現在出版されている書籍を底本としています。所収書籍の書名と発行元／ならびに初出の書誌情報などは、以下のとおりです。転載に際しては原作品の尊重を旨とし、底本の用字表記に忠実に準拠しておりますが、収載の都合から※印の作品については付註して一部を省略しています。

Ⅰ 犬の力

彼の仕事　『私とは何か さて死んだのは誰なのか』講談社／「室内」１９９７年６月号（工作社）

「犬の力」を知っていますか？　『暮らしの哲学』毎日新聞出版／「サンデー毎日」２００６年６月４日号（毎日新聞社）

愛犬の友　『睥睨するヘーゲル』講談社／「室内」１９９６年８月号（工作社）

お台場海浜公園　『死とは何か さて死んだのは誰なのか』毎日新聞出版／「文藝春秋」１９９７年３月号（文藝春秋）

似たもの同士　『死とは何か さて死んだのは誰なのか』毎日新聞出版／共同通信１９９７年４月14日（「犬の散歩」改題）

バイオ技術のいけない感じ　『考える日々 全編』毎日新聞出版／「サンデー毎日」１９９８年10月18日号（毎日新聞社）

鏡の中に「私」はあるか？　『考える日々 全編』毎日新聞出版／「サンデー毎日」１９９９年４月18日号

見よ、ウチが燃えている　『考える日々 全編』毎日新聞出版／「サンデー毎日」２０００年４月30日号

あの犬はいま何処に　『考える日々 全編』毎日新聞出版／「サンデー毎日」２０００年７月23日号

心と呼ばれるもの　『考える日々 全編』毎日新聞出版／「サンデー毎日」２０００年７月30日号

老犬介護で夜も眠れず　『ロゴスに訊け』ＫＡＤＯＫＡＷＡ／「本の旅人」２００１年10月（角川書店）

こんなふうに考えている　『死とは何か さて死んだのは誰なのか』毎日新聞出版／「日本経済新聞」２００３年６月29日

いつもいつも一緒だった　『魂とは何か さて死んだのは誰なのか』トランスビュー／「文藝春秋３月臨時増刊号」２００４年３月

ダンディーに　挽歌九首　未発表作品　２００２年晩秋～２００３年春

悲しみを恐れて愛することを控えるか——愛犬　『41歳からの哲学』新潮社／「週刊新潮」２００３年10月30日号（新潮社）

Ⅱ 人生は、お酒とともに

酒癖と嗜癖　『私とは何か さて死んだのは誰なのか』講談社／書下ろし １９９６年７月頃に執筆

意識と魂　『私とは何か さて死んだのは誰なのか』講談社／書下ろし １９９６年７月頃に執筆

食の楽しみ　『私とは何か さて死んだのは誰なのか』講談社／「ＳＮＯＷ」１９９９年７月号（雪印乳業）

お酒の席での失敗が多いんです（池田晶子の人生相談）　『人生は愉快だ』毎日新聞出版／「Ｈａｎａｋｏ」№８７０　２００６年３月９日号（マガジンハウス）
納涼ビアパーティ　『無敵のソクラテス』新潮社／「新潮45」１９９５年９月号（新潮社）
〈魂〉のインフォームド・コンセント　※（部分）　『魂とは何か　さて死んだのは誰なのか』トランスビュー／「季刊仏教」43号　１９９８年４月（法藏館）
六月の病室で　『魂とは何か　さて死んだのは誰なのか』トランスビュー／「季刊仏教」44号　１９９８年７月（法藏館）
動物のお医者さん　『知ることより考えること』新潮社／「週刊新潮」２００５年９月１日号

Ⅲ　ウソついちゃやだよ

嘘つきって何？　『私とは何か　さて死んだのは誰なのか』講談社／「産経新聞」２００４年４月１日・大阪夕刊
言葉と約束　『死とは何か　さて死んだのは誰なのか』毎日新聞出版／「自己表現」２００３年９月号（芸術生活社）
今さらの人間主義　『考える日々　全編』毎日新聞出版／「サンデー毎日」２０００年３月12日号
犬と人　『私とは何か　さて死んだのは誰なのか』講談社／書下ろし　１９９６年７月頃に執筆
教育と飼育　『私とは何か　さて死んだのは誰なのか』講談社／書下ろし　１９９６年７月頃に執筆
愛犬と犬猿　『私とは何か　さて死んだのは誰なのか』講談社／書下ろし　１９９６年７月頃に執筆
嫌犬と犬権　『私とは何か　さて死んだのは誰なのか』講談社／書下ろし　１９９６年７月頃に執筆
ウィトゲンシュタイン　考えるな、見よ　※（部分）　『考える人　口伝西洋哲学史』（中公文庫）中央公論新社／「よむ」１９９３年10月号（岩波書店）
31　ＯＣＴ．　１９９９　『リマーク　１９９７―２００７』トランスビュー／「小説推理」１９９９年10月号（双葉社）
当たり前なことにありがとう　『死とは何か　さて死んだのは誰なのか』毎日新聞出版／「ＰＬＡＳＭＡ」２００５年３月号（芸術生活社）

Ⅳ　今宵も精神の旅に出る

走りながら考える　※（部分）　『あたりまえなことばかり』トランスビュー／「季刊仏教」47号　１９９９年７月（法藏館）
酔うほどに冴える、はずだったが　『考える日々　全編』毎日新聞出版／「サンデー毎日」１９９８年10月11日号
人生を渡るための舟――健康　『41歳からの哲学』新潮社／「週刊新潮」２００３年12月25日号
たばこ規制を考える　『勝っても負けても』新潮社／「週刊新潮」２００５年４月21日号
高層の夢　『知ることより考えること』新潮社／「週刊新潮」２００６年３月23日号
和食は人生の味わいだ　『人生は愉快だ』毎日新聞出版／「Ｈａｎａｋｏ」№８７３　２００６年４月27日号（マガジンハウス）
悩ましき虫の音　秋の夜　『暮らしの哲学』毎日新聞出版／「サンデー毎日」２００６年10月15日号

自分であり自分でない体　『暮らしの哲学』毎日新聞出版／「サンデー毎日」２００６年４月30日号
理性に油を注ぐ酒　『暮らしの哲学』毎日新聞出版／「サンデー毎日」２００７年１月21日号
混浴の温泉場　『人間自身 考えることに終わりなく』新潮社／「週刊新潮」２００７年３月１日号

V　ふたたび、犬の力

彼の匂い　『死とは何か さて死んだのは誰なのか』毎日新聞出版／「高砂香料時報」第１５８号 ２００６年11月（高砂香料工業広報室）

再会　『人生は愉快だ』毎日新聞出版／「トランスビュー」No.8 ２００４年６月（トランスビュー）
あの忠実さ、あの善良さ、そして情けなさ——再び、愛犬　『41歳からの哲学』新潮社／「週刊新潮」２００４年５月６日・13日特大号
暑さ雑感　『勝っても負けても』新潮社／「週刊新潮」２００４年８月５日号
愛犬その後　『勝っても負けても』新潮社／「週刊新潮」２００４年10月21日号
楽しいお散歩　『死とは何か さて死んだのは誰なのか』毎日新聞出版／「ワンデル」Vol.3 ２００５年10月（山と渓谷社）
著者とダンディーII（２４１頁の写真キャプション）　「本の時間」（毎日新聞社）２００６年12月号・インタビュー記事「『考える』を始める14歳」より
犬の力ふたたび　『魂とは何か さて死んだのは誰なのか』トランスビュー／「文芸ポスト」２００５年10月（小学館）〔「犬を飼いましょう」改題〕

自由と規律　『知ることより考えること』新潮社／「週刊新潮」２００６年２月23日特大号
絶対安全人生　『知ることより考えること』新潮社／「週刊新潮」２００６年５月25日号
大地震を待つ　『知ることより考えること』新潮社／「週刊新潮」２００５年９月29日号
犬の命と人間の命　『暮らしの哲学』毎日新聞出版／「サンデー毎日」２００６年９月10日号
「彼」と出会えた奇跡　『暮らしの哲学』毎日新聞出版／「サンデー毎日」２００６年９月17日号
人間を衝き動かす不可解　『暮らしの哲学』毎日新聞出版／「サンデー毎日」２００６年11月５日号
犬の力にヤラれる　『暮らしの哲学』毎日新聞出版／「サンデー毎日」２００７年２月25日号
寒い！　『知ることより考えること』新潮社／「週刊新潮」２００６年１月26日号

『犬の力を知っていますか？』姉妹本のご紹介

本書を通じて著者の作品や考え方にご興味をもたれたら、この機会にぜひ、出典となった各書籍をご覧ください。また、一冊の本を手がかりにして著者の言葉の世界を探訪したいという方には、本書と並行して編纂され、本年２月23日に刊行された次の本をお薦めします。

『幸福に死ぬための哲学――池田晶子の言葉』講談社

生涯をかけて著者が確立した「哲学エッセイ」のなかから「人生」「幸福」「愛と孤独」「死」など11のテーマで全88篇の珠玉の文章を抜粋した詩集のような一冊です。併読いただければ、この『犬の力を知っていますか？』の味わいも、きっと深まることでしょう。

編者

池田晶子 いけだあきこ

一九六〇年、東京生まれ。慶應義塾大学文学部哲学科を卒業。文筆家と自称する。池田「某」とも。専門用語による学問としての哲学ではなく、日常の言葉によって平易に哲学を語る「哲学エッセイ」を確立して幅広い読者から支持される。とくに若い人々に、本質を考えることの面白さ、形而上の切実さを、存在の謎としての生死の大切を、語り続けた。

新宿御苑と神宮外苑の四季風景を執筆の伴とし、富士山麓の季節の巡りのなかに憩いを得て遊ぶ。山を好み、先哲とコリー犬、そして美酒佳肴を生涯の友とした。『14歳からの哲学』『14歳の君へ』などの著述で話題を呼ぶ。著作多数。

二〇〇七年春、大風の止まない夜に、癌により没す。その業績と意思を記念し、精神のリレーに捧げる「わたくし、つまりNobody賞」が創設された。本書は、同賞の運営団体であり、著作権の承継者である、特定非営利活動法人わたくし、つまりNobodyの編纂による。（池田晶子公式ページhttp://www.nobody.or.jp/）

池田晶子　１９６０年８月21日〜２００７年２月23日
ダンディーⅠ　１９８８年２月５日〜２００２年10月８日
ダンディーⅡ　２００３年12月27日〜２０１５年３月20日

犬《いぬ》の力《ちから》を知《し》っていますか?

第一刷　二〇一五年八月二一日
第二刷　二〇二四年四月　五　日

著　者　池田晶子《いけだあきこ》
編　者　NPO法人わたくし、つまりNobody
発行人　小島明日奈
発行所　毎日新聞出版
　　　　郵便番号一〇二-〇〇七四
　　　　東京都千代田区九段南1-6-17　千代田会館5階
　　　　営業本部　〇三-六二六五-六九四一
　　　　図書編集部　〇三-六二六五-六七四五

印　刷　精文堂
製　本　大口製本

ISBN978-4-620-32321-3